ARMONIA ZEN FILOSOFIA GIAPPONESE

Esplora i Segreti dell'Ikigai, del Kaizen,
del Wabi-sabi e dello Shinrin-yoku
per Trovare Equilibrio, Realizzazione
e Benessere Ogni Giorno

Yumiko Kaito

Independently published

Codice ISBN: 9798873984879

Autore della copertina: Pittore
Numero di controllo Library of Congress: 2018675309
Stampato negli Stati Uniti d'America

A tutti coloro che apriranno queste pagine con il cuore aperto e
la mente curiosa,

Dedicare queste parole è come condividere un pezzo del mio
spirito con ognuno di voi, come invitare un amico a entrare in un
giardino segreto che si sviluppa tra le righe di questo libro. È con
umiltà e gratitudine che vi accoglio in questo viaggio attraverso
la filosofia giapponese, una cultura che ha affascinato e ispirato
per secoli.

A voi, lettori, dedico "Armonia Zen Filosofia Giapponese". Che
possiate trovare in queste pagine non solo un insieme di concetti
e insegnamenti, ma un rifugio per la vostra anima, una fonte di
ispirazione per la vostra mente e un compagno di viaggio nella
vostra crescita personale.

In questo libro, ho cercato di tessere una trama fatta di Ikigai,
Kaizen, Wabi-sabi, Shinrin-yoku, e altri concetti che compongono
il ricco tessuto della filosofia giapponese. Sono convinta che
ognuno di voi troverà qualcosa di prezioso, una gemma che
risuonerà con il vostro spirito e illuminerà il vostro cammino.

Che siate in cerca di equilibrio, consapevolezza o semplicemente
di un approccio più sereno alla vita, spero che queste pagine
vi offrano un rifugio, un momento di pausa nella frenesia
quotidiana. Ogni parola è stata scelta con amore e cura, con la
speranza che possiate sentirvi avvolti dalla saggezza millenaria
che emana dalla cultura giapponese.

Ringrazio ogni singolo lettore che decide di intraprendere questo
viaggio con me. Che queste pagine diventino un compagno di
riflessione, un faro nella notte dei dubbi, e un invito a esplorare il
vostro mondo interiore con occhi nuovi.

Che il vostro viaggio attraverso "Armonia Zen Filosofia
Giapponese" sia permeato di scoperte, ispirazioni e, soprattutto,
di una profonda connessione con voi stessi e con la ricca
tradizione che questa cultura così gentilmente ci offre.

Con gratitudine e affetto,

Yumiko Kaito

Nella danza eterna tra l'effimero e l'eterno, trova la tua armonia, danza con la bellezza delle imperfezioni e abbraccia ogni istante come un tesoro unico nella tua personale sinfonia della vita.

YUMIKO KAITO

SOMMARIO

INTRODUZIONE

Benvenuti in un viaggio attraverso l'anima della cultura giapponese, un viaggio che abbraccia la ricchezza delle sue filosofie millenarie. In "Armonia Zen Filosofia Giapponese", apriamo le porte a un mondo dove antichi insegnamenti si intrecciano con la modernità, dove la contemplazione di un fiore di ciliegio può essere una lezione di vita e l'arte di versare il tè può diventare un atto di profonda mindfulness.

Queste pagine fungono da ponte tra le tradizioni del passato e le sfide del presente, offrendovi non solo un'osservazione esterna ma una partecipazione attiva. Il nostro viaggio inizia con Ikigai, la ricerca del senso della vita. Questo concetto diventa il faro che illumina il percorso, incoraggiandovi a scoprire la vostra ragione di essere e a plasmare le vostre scelte di vita con intenzione.

Mentre vi addentrate nel Kaizen, il potere del miglioramento continuo, scoprirete che anche i piccoli passi portano a risultati significativi. Il viaggio prosegue con il Wabi-sabi, una filosofia che celebra la bellezza nelle imperfezioni e vi insegna a trasformare ogni aspetto della vostra vita in un'opportunità di crescita.

E poi, immergetevi nello Shinrin-yoku, il bagno di foresta per il benessere. Con questo concetto, viaggiamo attraverso la natura, riscoprendo l'equilibrio e la connessione con il mondo naturale che ci circonda. La cultura giapponese ha una relazione unica con la natura, e in questo capitolo, imparerete a percepire la foresta come un rifugio per la mente e l'anima.

Nelle pagine successive, esploreremo gli insegnamenti zen e la pratica della meditazione. Questo non è solo un capitolo sulla contemplazione, ma un invito a immergersi nella profondità della propria coscienza. La meditazione diventa uno strumento per coltivare la calma e la chiarezza mentale, abilitando la mente a navigare tra le sfide quotidiane con equilibrio.

L'armonia e il bilanciamento nella filosofia giapponese emergono come concetti chiave, influenzando le relazioni interpersonali e la vita sociale. Esploreremo come questi principi possano guidare il modo in cui ci rapportiamo agli altri, creando connessioni significative e promuovendo un senso di comunità.

Il nostro viaggio ci porterà a esplorare l'etica e i valori nell'età moderna, cercando di mantenere un equilibrio tra la tradizione e il progresso. Viviamo in un mondo in rapido cambiamento, eppure, come possiamo integrare i valori etici tradizionali nella nostra vita quotidiana?

Nel capitolo successivo, analizzeremo l'approccio olistico giapponese alla salute, considerando la connessione tra mente e corpo. Con una serie di pratiche, scoprirete come promuovere il benessere in entrambi gli aspetti, adottando un approccio globale alla salute.

La cerimonia del tè diventa una lezione di mindfulness, un rituale che ci insegna a vivere nel momento presente. Attraverso la delicatezza del gesto, scoprirete come la semplicità può diventare una forma di arte, e come la consapevolezza può trasformare ogni azione in un'esperienza significativa.

Nel nostro viaggio, esamineremo il ruolo dell'artigianato e della creatività nella cultura giapponese. Queste attività non sono solo espressioni artistiche, ma diventano un mezzo di comunicazione dell'anima, un modo per dare forma a pensieri e emozioni in modo tangibile.

Il concetto di "Ma", che rappresenta lo spazio e il silenzio tra le cose, diventa il nostro guida per esplorare il significato della presenza e la delicatezza nell'osservazione. Attraverso il concetto di "Ma", ci rendiamo conto dell'importanza di trovare spazio nelle nostre vite affollate, per apprezzare il silenzio come una risorsa preziosa.

Il cammino del guerriero, il Bushi-do, sarà il nostro compagno di esplorazione nei principi etici che un tempo guidavano i samurai. Non solo apprenderemo dagli insegnamenti del passato, ma vedremo come questi principi possano essere applicati nella vita quotidiana per sviluppare un forte senso di disciplina, onore e lealtà.

Sintonizzarci con le stagioni attraverso il "kigo" nella poesia Haiku diventa una pratica di consapevolezza. Vedremo come l'arte di osservare il mondo circostante, specialmente in relazione alle stagioni, possa portare a una maggiore consapevolezza e connessione con la natura.

Esploreremo il modo in cui la filosofia giapponese affronta la modernità e la tecnologia, cercando di mantenere un equilibrio tra l'innovazione e la preservazione dei valori tradizionali. La tecnologia può coesistere con la saggezza antica, e scopriremo come integrare questi due mondi in modo armonioso.

Il concetto di "mono no aware", la consapevolezza della transitorietà, ci porterà a riflettere sulla natura effimera della vita e su come questa prospettiva possa influenzare la nostra percezione del mondo. Attraverso "mono no aware", scopriremo la bellezza nel lasciare andare e nel vivere pienamente, consapevoli della fragilità e della preziosità del momento presente.

Analizzeremo il ruolo della gentilezza e della compassione nella filosofia giapponese. Attraverso questi valori, vedremo come sia possibile creare relazioni significative e positive con gli altri, contribuendo alla costruzione di una società più amorevole e solidale.

I concetti di "yugen" e "iki" saranno le nostre guide nel comprendere la bellezza e l'eleganza nella vita. Esploreremo come questi concetti possano essere incarnati nella vita quotidiana, trasformando ogni atto in un'espressione di grazia e autenticità.

Esamineremo il significato spirituale dell'architettura giapponese, esplorando come la progettazione degli spazi possa influenzare il nostro benessere e la nostra connessione con l'ambiente circostante. La casa non è solo un rifugio fisico ma anche uno spazio in cui l'anima può trovare pace e ispirazione.

Infine, concluderemo il nostro viaggio esplorando come integrare questi principi nella vita di tutti i giorni. Vivere con intenzione diventa la nostra guida, sviluppando una filosofia personale che ci guidi verso la realizzazione e il benessere. Il nostro scopo non è solo apprendere, ma anche applicare, trasformando la conoscenza in azione.

Siete pronti per questo viaggio? Aprite il vostro cuore e la vostra mente a nuove prospettive, lasciate che la filosofia giapponese vi guidi attraverso un cammino di scoperta, crescita e armonia.

Con entusiasmo e apertura,

Yumiko Kaito

PREFAZIONE

Intrappolare l'essenza della filosofia giapponese in pagine di carta è come cercare di descrivere la vastità dell'universo in una semplice poesia. Eppure, qui mi trovo, con l'arduo compito di introdurre voi, cari lettori, a un mondo ricco di saggezza millenaria, un mondo in cui antiche tradizioni si fondono con la modernità, e dove la bellezza risiede nelle sfumature più sottili della vita.

"Armonia Zen Filosofia Giapponese" è un invito a immergersi nelle profondità della cultura nipponica, a esplorare i suoi segreti e ad abbracciare i principi che hanno plasmato il pensiero di generazioni. Mentre viaggiate attraverso queste pagine, immaginate di camminare su antichi sentieri di pietra, di contemplare giardini zen immobili e di ascoltare il fluire delicato di un ruscello nascosto tra le montagne.

La filosofia giapponese è come un quadro, dipinto con pennellate di Ikigai, dove il significato e la passione si intrecciano; è una melodia costante di Kaizen, dove il miglioramento graduale diventa una sinfonia di realizzazione personale. Wabi-sabi aggiunge sfumature di bellezza attraverso l'accettazione delle imperfezioni, mentre lo Shinrin-yoku ci invita a immergerci nei boschi per ritrovare la nostra connessione con la natura.

Yumiko Kaito, l'autrice di questo viaggio, è più di una guida.

Con una profonda comprensione della cultura giapponese e una passione contagiosa per la sua filosofia, Yumiko è come un amico che vi invita a condividere una conversazione intima. Il suo approccio non è solo informativo ma intimo, condividendo non solo la storia e la teoria, ma anche esperienze personali che conferiscono a questo libro un'anima viva.

Attraverso le pagine di questo libro, vi invito a sperimentare il concetto di "Mono no Aware", la consapevolezza della transitorietà, come un petalo di ciliegio che danza nel vento, effimero ma intriso di significato. Esploreremo insieme la saggezza del Bushi-do, la via del guerriero, e scopriremo come la gentilezza e la compassione possano diventare forze trasformative nella nostra vita quotidiana.

Nella cerimonia del tè, troveremo lezioni di mindfulness, mentre il concetto di "Ma" ci svelerà l'importanza di trovare spazio tra le cose. Osserveremo come il kigo nella poesia Haiku ci insegni a sintonizzarci con le stagioni e come i concetti di "yugen" e "iki" celebrino l'eleganza e la bellezza nella vita.

L'architettura giapponese ci svelerà il significato spirituale degli spazi che occupiamo, e infine, ci immergeremo nella creazione di una filosofia di vita personale, abbracciando l'intenzione di vivere con saggezza e significato.

Questo libro non è solo un'opera da leggere; è un invito a partecipare, a riflettere, a sperimentare. Sarà il vostro compagno mentre esplorate le vie antiche e contemporanee della filosofia giapponese. Che questo viaggio vi arricchisca, ispiri e vi avvicini a una comprensione più profonda di voi stessi e del mondo che vi circonda.

Con affetto e gratitudine,

Yumiko Kaito

PROLOGO

Nel silenzio di un giardino giapponese, tra il susseguirsi dolce delle stagioni, inizia il nostro viaggio attraverso "Armonia Zen Filosofia Giapponese". Queste pagine non sono solo parole stampate, ma un invito a immergersi nelle profondità della cultura nipponica, ad abbracciare la saggezza di generazioni passate e a danzare con la modernità in un incontro armonioso.

L'origine di questa esplorazione risale alle radici stesse della filosofia giapponese, intrecciata con la storia e le sfumature di un popolo che ha imparato a trovare bellezza nelle sfaccettature più semplici della vita. È un invito a sedersi, a contemplare, a scoprire le connessioni tra antiche tradizioni e le sfide quotidiane del vivere moderno.

Nel nostro viaggio, scopriremo l'Ikigai, quel luogo magico dove la passione, la missione, la vocazione e la professione si intrecciano per creare un significato profondo. Attraverso il Kaizen, ci avventureremo nelle terre del miglioramento continuo, abbracciando il potere dei piccoli passi che portano a risultati duraturi.

Il Wabi-sabi sarà il nostro compagno di viaggio, rivelando la bellezza nelle imperfezioni, insegnandoci a celebrare il transitorio e ad accogliere la natura ciclica della vita. Lo Shinrin-yoku ci immergerà nella natura, dove il canto degli uccelli e il fruscio

delle foglie diventano maestri di meditazione, guidandoci verso un benessere profondo e radicato nella Terra.

Gli insegnamenti zen si apriranno come petali di loto, introducendoci a una pratica di consapevolezza che va al di là delle parole, portandoci nella quiete della mente e nell'osservazione senza giudizio del nostro essere. L'armonia e il bilanciamento saranno la nostra bussola nella selva delle relazioni interpersonali, guidandoci attraverso le sfide della convivenza con un cuore aperto.

Esploreremo le vie dell'etica e dei valori nell'età moderna, navigando tra le correnti tumultuose del cambiamento, cercando di preservare l'essenza delle virtù tradizionali. Nell'approccio olistico giapponese alla salute, scopriremo un'integrazione profonda tra mente e corpo, dove il benessere diventa un rituale quotidiano.

La cerimonia del tè si svelerà come un atto di gratitudine, un'opportunità di connettersi con il presente attraverso gesti delicati e rituali significativi. L'artigianato e la creatività diventeranno le vie attraverso cui esprimere l'anima, trasformando oggetti comuni in capolavori intrisi di significato.

Attraverso il concetto di "Ma", troveremo spazio tra le cose, respirando nel silenzio e scoprendo la potenza di una pausa. La via del guerriero, il Bushi-do, ci insegnerà principi di disciplina, onore e lealtà che, sebbene radicati nel passato, hanno un potente riflesso sulla nostra vita quotidiana.

Sintonizzandoci con le stagioni attraverso il "kigo" nella poesia Haiku, diventeremo osservatori attenti del fluire della natura e della nostra stessa esistenza. La tecnologia, elemento intrinseco alla modernità, sarà esplorata alla luce della filosofia giapponese, cercando di trovare l'equilibrio tra innovazione e tradizione.

Il concetto di "mono no aware", la consapevolezza della transitorietà, ci spingerà a riflettere sulla fugacità della vita e a cogliere ogni momento come un gioiello unico. La gentilezza e la compassione diventeranno forze guida, plasmando relazioni che superano le barriere del tempo.

Immergendoci nei concetti di "yugen" e "iki", esploreremo la bellezza intrinseca della vita quotidiana, trovando raffinatezza ed eleganza nelle esperienze più comuni. L'architettura giapponese si rivelerà non solo come un atto di progettazione, ma come una manifestazione spirituale degli spazi che occupiamo.

Infine, vivremo con intenzione, sviluppando una filosofia di vita che abbraccia ogni aspetto della nostra esistenza. Concluderemo il nostro viaggio non solo con la conoscenza acquisita ma con l'invito a mettere in pratica ciò che abbiamo imparato, a rendere la filosofia giapponese un compagno costante nel nostro cammino.

Questo prologo è solo l'apertura di un sipario che si alza su un palcoscenico di conoscenza, saggezza e bellezza. Con cuori aperti e menti curiose, siate pronti a immergervi in "Armonia Zen Filosofia Giapponese".

Che il viaggio abbia inizio.

Yumiko Kaito

CAPITOLO 1: INTRODUZIONE AL MONDO DELLA FILOSOFIA GIAPPONESE

La filosofia giapponese, intessuta con le trame profonde di una cultura millenaria, si erge come un faro di saggezza che ha guidato generazioni attraverso le complessità della vita. In questo capitolo introduttivo, ci immergeremo nelle radici storiche e nell'evoluzione di una filosofia che ha resistito al fluire del tempo, plasmando la mente e lo spirito del popolo giapponese.

Le Origini Antiche

La storia della filosofia giapponese ha inizio con l'influenza di tradizioni cinesi e coreane nel VI secolo. L'introduzione del Buddhismo e del Confucianesimo ha rappresentato un momento cruciale, gettando le basi per il sincretismo che caratterizzerà la filosofia giapponese. L'antica tradizione scintoista, basata sulla venerazione degli spiriti e dei kami, si è fusa con queste nuove influenze, dando vita a una sintesi unica di credenze.

Il Periodo Heian e lo Zen

Durante il Periodo Heian (794-1185), si svilupparono le prime scuole di pensiero giapponesi. La nascita dell'estetica wabi-sabi, con il suo apprezzamento per la semplicità e la bellezza nelle imperfezioni, iniziò a plasmare la mentalità giapponese. In parallelo, lo Zen, un ramo del Buddhismo Mahayana, emerse come una forza dominante, enfatizzando la meditazione e la percezione diretta.

Il Confucianesimo e il Periodo Edo

Nel Periodo Edo (1603-1868), il Confucianesimo acquisì una maggiore importanza, influenzando la struttura sociale e le istituzioni giapponesi. Il Bushi-do, la via del guerriero, sorse come un codice etico che guidava i samurai nella loro vita quotidiana. Questo periodo vide anche lo sviluppo di una forma di filosofia nativista che cercava di preservare l'identità culturale giapponese in un'epoca di crescente contatto con il mondo esterno.

La Filosofia Moderna e Contemporanea

Con l'apertura del Giappone al mondo occidentale nel XIX secolo, la filosofia giapponese subì ulteriori cambiamenti. Intellettuali come Nishi Amane e Inoue Tetsujiro furono influenzati dal pensiero europeo, introducendo idee come il liberalismo e l'individualismo. Nel XX secolo, la Kyoto School, guidata da figure come Nishida Kitaro e Nishitani Keiji, cercò di sintetizzare elementi della filosofia occidentale con la tradizione giapponese.

Le Radici Spirituali: Shintoismo e Animismo

Fondamentale per la comprensione della filosofia giapponese è il legame con lo Shintoismo, la religione nativa del Giappone. Il culto degli spiriti e la connessione con la natura rimangono pilastri fondamentali della mentalità giapponese, influenzando la percezione della vita e delle relazioni.

L'Influenza della Natura

La natura giapponese, con le sue montagne, foreste e mari, ha sempre giocato un ruolo centrale nella filosofia. Lo Shinrin-yoku, o "bagno di foresta", illustra la profonda connessione tra gli esseri umani e l'ambiente naturale, sottolineando l'importanza di ritrovare l'equilibrio attraverso l'immersione nella natura.

Sintesi e Prospettive Future

In chiusura di questo viaggio attraverso le fondamenta della filosofia giapponese, emerge chiaramente la sua natura poliedrica, tessuta con fili di antiche tradizioni e influenze moderne. Questo libro si propone di esplorare in dettaglio quattro principali concetti - Ikigai, Kaizen, Wabi-sabi e Shinrin-yoku - come chiavi per comprendere la filosofia giapponese e applicarla nella vita quotidiana. La loro origine, sviluppo e impatto saranno analizzati in profondità nei capitoli successivi, offrendo un approccio pratico e motivazionale per chi desidera abbracciare la saggezza millenaria del Giappone.

CAPITOLO 2: IKIGAI - LA RICERCA DEL SENSO DELLA VITA

La filosofia giapponese ci offre un concetto intriso di profonda significatività: l'Ikigai. Questo termine, composto da "iki" (vita) e "gai" (valore o merito), riflette la ricerca individuale del senso della vita e della propria ragione di esistere. In questo capitolo, esploreremo in dettaglio l'Ikigai come guida per individuare e coltivare la nostra unica e personale chiave della realizzazione.

Definendo l'Ikigai

L'Ikigai è un concetto poliedrico che abbraccia diverse dimensioni della nostra esistenza. Rappresenta quel punto di convergenza tra ciò che amiamo, ciò in cui siamo bravi, ciò per cui il mondo ha bisogno e ciò per cui siamo disposti a essere pagati. La ricerca di questo equilibrio può portare a una vita ricca di significato e soddisfazione.

Le Componenti dell'Ikigai

Ciò che Amiamo (Passione): La prima dimensione dell'Ikigai riguarda ciò che ci appassiona veramente. Identificare le attività che ci entusiasmano e che ci fanno sentire vivi è il primo passo verso la scoperta del nostro Ikigai.

Ciò in Cui Siamo Bravi (Vocazione): La seconda componente si concentra sulle nostre abilità e competenze uniche. Ciò che facciamo con facilità e maestria può indicare la direzione in cui potremmo trovare il nostro Ikigai.

Ciò per Cui il Mondo Ha Bisogno (Missione): La terza dimensione è la missione, ossia ciò che il mondo necessita. Trovare un significato più grande, un contributo positivo alla società, può amplificare il senso di realizzazione personale.

Ciò per Cui Siamo Disposti a Essere Pagati (Professione): La componente finanziaria è altrettanto importante. Essere retribuiti per ciò che facciamo può fornire la stabilità necessaria per perseguire il nostro Ikigai in modo sostenibile.

Identificare il Proprio Ikigai

L'identificazione del proprio Ikigai richiede introspezione e riflessione profonda. Si tratta di esplorare le nostre passioni, valutare le nostre competenze, riconoscere le esigenze del mondo e considerare le opportunità finanziarie. Questo processo può richiedere tempo, ma il risultato è una mappa personalizzata che guida le scelte di vita.

Il Fluire dell'Ikigai nel Tempo

L'Ikigai non è statico; può evolversi con il tempo in risposta alle esperienze di vita, alle nuove scoperte e agli apprendimenti. Adattarsi e permettere al proprio Ikigai di cambiare può portare a una crescita continua e ad una ricerca permanente della realizzazione personale.

Le Storie di Ikigai

Nel corso della storia giapponese, ci sono numerosi esempi di individui che hanno trovato il loro Ikigai e hanno influenzato positivamente la società. Da artisti e filosofi a artigiani e innovatori, ognuno ha contribuito in modo unico al tessuto culturale del Giappone attraverso il perseguimento del proprio senso di vita.

Integrare l'Ikigai nella Vita Quotidiana

Una volta identificato, integrare l'Ikigai nella vita quotidiana richiede azione consapevole. Ciò potrebbe comportare la pianificazione di nuove sfide, l'approfondimento delle proprie passioni, la formazione continua per migliorare le competenze o la creazione di opportunità per contribuire alla comunità.

Sfide nel Raggiungere l'Ikigai

La strada verso l'Ikigai può essere costellata di sfide. Pressioni esterne, aspettative sociali e incertezza personale possono ostacolare la ricerca. Tuttavia, affrontare queste sfide con determinazione e flessibilità può rafforzare il legame con il proprio Ikigai.

Conclusioni e Prossimi Passi

In conclusione, l'Ikigai rappresenta una guida preziosa per coloro che cercano un significato più profondo nella loro esistenza. Attraverso una comprensione approfondita di ciò che amiamo, di ciò in cui siamo bravi, di ciò per cui il mondo ha bisogno e di ciò per cui siamo disposti a essere pagati, possiamo tracciare una mappa personalizzata per la nostra realizzazione personale. Nei capitoli successivi, esploreremo come integrare questo concetto nella vita quotidiana e approfondire ulteriormente le componenti dell'Ikigai per una crescita continua e una vita significativa.

CAPITOLO 3: KAIZEN - IL POTERE DEL MIGLIORAMENTO CONTINUO

Nel cuore della filosofia giapponese risiede un concetto che ha rivoluzionato il modo in cui affrontiamo la crescita personale: il Kaizen. Un termine che deriva da "kai" (cambiare) e "zen" (miglioramento), il Kaizen rappresenta la forza del miglioramento graduale e costante. In questo capitolo, esploreremo come questo principio possa guidarci verso un progresso personale sostenibile, dimostrando il potere dei piccoli cambiamenti quotidiani nel plasmare il nostro futuro.

Definizione di Kaizen

Il Kaizen va oltre il concetto occidentale di miglioramento continuo. Non è solo un approccio alla produttività aziendale, ma una filosofia di vita che abbraccia l'idea che il cambiamento positivo può derivare da piccoli passi avanti, fatti con costanza nel tempo. Si basa sulla consapevolezza che il miglioramento graduale può portare a risultati significativi nel lungo termine.

I Fondamenti del Kaizen

Miglioramento Graduale: Il Kaizen incoraggia l'adozione di piccoli miglioramenti giornalieri, piuttosto che cambiamenti drastici. Questa pratica mira a rendere il progresso accessibile e sostenibile per tutti.

Coinvolgimento di Tutti: Il Kaizen è un approccio inclusivo che coinvolge tutti i livelli dell'organizzazione o della comunità. Il coinvolgimento attivo di tutti i membri promuove un senso di responsabilità condivisa per il miglioramento.

Rispetto per le Persone: Questo principio sottolinea l'importanza di rispettare le competenze e le opinioni di coloro che sono coinvolti nel processo di miglioramento. L'empowerment delle persone è fondamentale per il successo del Kaizen.

Eliminazione degli Sprechi: Un elemento chiave del Kaizen è l'identificazione e l'eliminazione di sprechi e inefficienze nei processi. Questa pratica mira a ottimizzare l'uso delle risorse e a massimizzare l'efficienza.

Kaizen nella Vita Quotidiana

Esaminiamo come il Kaizen può essere applicato nella vita quotidiana, in particolare concentrandoci su tre pilastri fondamentali:

Salute e Benessere: Attraverso piccoli cambiamenti nelle abitudini alimentari, nell'esercizio fisico e nelle pratiche di gestione dello stress, il Kaizen può contribuire a migliorare la salute generale e il benessere.

Sviluppo Personale: Nella ricerca della crescita personale, il Kaizen suggerisce l'adozione di abitudini di apprendimento costanti, la definizione di obiettivi realistici e l'implementazione di piccoli miglioramenti nelle abilità e nelle competenze personali.

Relazioni Interpersonali: Nel contesto delle relazioni, il Kaizen incoraggia la comunicazione aperta, la pratica dell'empatia e la ricerca continua di modi per migliorare le dinamiche interpersonali.

Pratiche Concrete di Kaizen

Il Diagramma di Ishikawa (Pesce): Utilizzato per identificare le cause di un problema, questo strumento visivo è una pratica chiave del Kaizen per affrontare e risolvere le sfide.

Gemba Walks: L'approccio di "Gemba" si traduce come "sul campo". Attraverso le Gemba Walks, si promuove la comprensione diretta delle operazioni, facilitando l'identificazione di possibili miglioramenti.

Riunioni Kaizen: Sessioni strutturate in cui i membri di un team o una comunità collaborano per individuare e implementare miglioramenti. Queste riunioni favoriscono la condivisione delle idee e l'empowerment collettivo.

Il Potere delle Piccole Abitudini

Il Kaizen pone un'enfasi particolare sulle piccole abitudini quotidiane come catalizzatori per il cambiamento. Semplici azioni come la lettura di un libro per 10 minuti al giorno o la pratica di una breve meditazione possono accumularsi nel tempo, portando a una crescita personale significativa.

Kaizen e Risoluzione dei Problemi

Un aspetto cruciale del Kaizen è la sua applicazione nella risoluzione dei problemi. Utilizzando metodologie come il ciclo PDCA (Plan-Do-Check-Act), il Kaizen fornisce un approccio strutturato per affrontare le sfide, valutare i risultati e apportare miglioramenti continui.

Sfide nel Perseguire il Kaizen

Sebbene il Kaizen offra un approccio pragmatico al miglioramento continuo, affronta anche diverse sfide. La resistenza al cambiamento e la mancanza di coinvolgimento possono ostacolare la sua adozione. Tuttavia, affrontare queste sfide con pazienza e perseveranza è parte integrante del percorso del Kaizen.

Il Kaizen come Filosofia di Vita

Il Kaizen non è solo un metodo, ma una filosofia di vita che promuove la consapevolezza, la crescita e la creazione di un ambiente in cui il miglioramento graduale è incoraggiato e celebrato. Applicare il Kaizen nella nostra vita quotidiana può portare a una crescita personale significativa e alla realizzazione di obiettivi a lungo termine.

Conclusioni e Applicazioni Pratiche

In conclusione, il Kaizen ci insegna che il miglioramento continuo è un processo evolutivo e costante. Attraverso piccoli passi, uno alla volta, possiamo modellare la nostra esistenza in direzione della realizzazione personale. Applicando pratiche concrete, identificando le aree di miglioramento e coltivando una mentalità di Kaizen, possiamo sperimentare il potere trasformativo dei piccoli cambiamenti quotidiani nella costruzione di un futuro significativo e gratificante.

CAPITOLO 4: WABI-SABI - LA BELLEZZA NELLE IMPERFEZIONI

Nel vasto panorama della filosofia giapponese, il concetto di Wabi-sabi si distingue come un'ode alla bellezza intrinseca delle imperfezioni e alla forza derivante dalla semplicità. In questo capitolo, esploreremo il significato profondo di Wabi-sabi, analizzando come abbracciare l'impermanenza possa condurre a una maggiore serenità e un apprezzamento più profondo della vita.

Definizione di Wabi-sabi

Wabi-sabi è un termine che ha radici profonde nella tradizione giapponese, derivando da due concetti distinti:

Wabi: Originariamente connesso con la solitudine e la semplicità dei monaci buddisti, il Wabi è evoluto per abbracciare un senso di tranquillità e l'accettazione delle imperfezioni nella vita.

Sabi: Questo termine riflette la bellezza che emerge con il passare del tempo. Sabi abbraccia la natura effimera delle cose e la bellezza che si sviluppa con l'età e l'usura.

Unendo Wabi e Sabi, il Wabi-sabi celebra la bellezza che si trova nelle cose semplici, umili e imperfette.

La Bellezza delle Imperfezioni

Il Wabi-sabi ci invita a spogliarci delle aspettative rigide di perfezione e a vedere la bellezza nelle imperfezioni che rendono uniche le persone, le opere d'arte e la natura stessa.

In un mondo che spesso cerca l'omogeneità e l'idealizzazione, il Wabi-sabi ci ricorda che la vera bellezza può essere trovata nell'irregolarità e nella complessità.

Estetica Wabi-sabi nelle Arti

L'estetica del Wabi-sabi si manifesta in molte forme artistiche, tra cui la cerimonia del tè, la poesia Haiku, la pittura Sumi-e e la ceramica Raku. In queste espressioni artistiche, la semplicità, la modestia e l'accettazione delle imperfezioni sono al centro, creando opere che riflettono la bellezza intrinseca della vita.

L'Impermanenza e la Tranquillità

Il Wabi-sabi ci invita a contemplare l'impermanenza della vita, ad accettare il flusso naturale del cambiamento. Contrariamente alla cultura moderna, che spesso cerca la stabilità eterna, il Wabi-sabi riconosce che tutto è destinato a mutare. Questa consapevolezza ci permette di abbracciare la tranquillità nel mezzo delle transizioni e di trovare pace nel momento presente.

Il Concetto di Mono no Aware

Un concetto strettamente legato al Wabi-sabi è il "Mono no Aware", che si traduce come la "consapevolezza della transitorietà delle cose". Questa prospettiva incoraggia a percepire la bellezza e la tristezza delle cose che sono destinate a svanire, creando un profondo senso di connessione con la natura effimera della vita.

Wabi-sabi nella Vita Quotidiana

Esploriamo come incorporare il Wabi-sabi nella vita di tutti i giorni possa portare a una maggiore soddisfazione e apprezzamento:

Semplicità nella Casa: Ridurre il disordine, abbracciare arredi semplici e apprezzare gli oggetti personali con imperfezioni può trasformare il nostro spazio in un rifugio di calma e serenità.

Cucina e Alimentazione: Apprezzare i cibi nella loro forma più naturale, con imperfezioni e varietà, ci connette con la terra e ci offre una prospettiva più profonda sulla nostra alimentazione.

Relazioni Interpersonali: Accettare le imperfezioni negli altri e nelle relazioni può portare a una maggiore comprensione, empatia e connessione umana autentica.

Il Wabi-sabi come Riflesso della Natura

La natura stessa è un esempio sublime di Wabi-sabi. Osservando il ciclo delle stagioni, il cambiamento delle foglie, e il susseguirsi delle fasi lunari, impariamo che la bellezza non è eterna ma si rinnova costantemente.

Sfide nel Vivere con Wabi-sabi

Vivere con la mentalità del Wabi-sabi può essere sfidante in un mondo che spesso promuove l'ideale di perfezione. Tuttavia, le sfide possono trasformarsi in opportunità di crescita personale, permettendoci di superare le aspettative sociali e abbracciare la nostra unicità.

Applicazioni Pratiche nella Vita Moderna

In conclusione, il Wabi-sabi offre una lente attraverso la quale possiamo guardare al mondo con una prospettiva più ricca e apprezzativa. Incorporare il Wabi-sabi nella nostra vita quotidiana può portare a una maggiore serenità, apprezzamento della bellezza nelle cose comuni e un senso più profondo di connessione con la natura e con gli altri.

Nel prossimo capitolo, esploreremo il concetto di Shinrin-yoku, che ci invita a ritrovare l'equilibrio attraverso l'immersione nella natura circostante. Attraverso l'esplorazione di questi principi, cercheremo di coltivare una comprensione più profonda della saggezza giapponese e della sua applicazione pratica nelle nostre vite moderne.

CAPITOLO 5: SHINRIN-YOKU - IL BAGNO DI FORESTA PER IL BENESSERE

Nella frenesia della vita moderna, in cui l'urbanizzazione e la tecnologia hanno ridotto sempre di più il nostro contatto con la natura, il concetto giapponese di Shinrin-yoku emerge come una preziosa risorsa per il benessere fisico e mentale. Tradotto letteralmente come "bagno di foresta", Shinrin- yoku va oltre una semplice passeggiata tra gli alberi, rappresentando un'immersione profonda nella natura per ristabilire l'equilibrio e l'armonia nella vita quotidiana. In questo capitolo, esploreremo come la connessione con la natura e l'esperienza della foresta possano influenzare positivamente la nostra salute e il nostro stato d'animo.

Fondamenti del Shinrin-yoku

Il Shinrin-yoku ha radici profonde nella cultura giapponese e si basa su concetti di antiche pratiche spirituali e mediche. Le foreste giapponesi, considerate luoghi sacri, fungono da santuari naturali dove l'uomo può ristabilire la connessione con l'ambiente circostante.

Benefici Fisici e Mentali

Riduzione dello Stress: Numerose ricerche scientifiche hanno dimostrato che la pratica regolare di Shinrin-yoku può ridurre i livelli di cortisolo, l'ormone dello stress, migliorando così il benessere generale.

Aumento della Creatività: L'immersione nella natura stimola la mente e favorisce la creatività. Momenti di tranquillità nella foresta possono essere fonte di ispirazione e chiarezza mentale.

Miglioramento del Sistema Immunitario: L'esposizione agli oli essenziali rilasciati dagli alberi, noti come fitoncidi, può potenziare il sistema immunitario, contribuendo a una migliore salute fisica.

Equilibrio Emotivo: Shinrin-yoku può migliorare l'umore e ridurre i sintomi di ansia e depressione. La combinazione di aria fresca, suoni naturali e bellezze visive crea un ambiente terapeutico.

Pratiche di Shinrin-yoku

Consapevolezza Sensoriale: Durante un bagno di foresta, si è incoraggiati a prestare attenzione a tutti i sensi. L'ascolto del canto degli uccelli, il profumo degli alberi e il contatto con la terra sotto i piedi contribuiscono all'esperienza sensoriale.

Camminata Lenta e Riflessiva: Invece di una passeggiata veloce, il Shinrin-yoku promuove una camminata lenta e riflessiva, permettendo di assorbire completamente l'atmosfera della foresta.

Meditazione Naturale: Trovare un luogo tranquillo e sedersi per meditare consente di approfondire la connessione con la natura e di sperimentare un senso di pace interiore.

Mindfulness nel Bosco: L'applicazione dei principi di mindfulness durante il tempo trascorso nella foresta può aumentare l'attenzione e la consapevolezza, migliorando così l'esperienza complessiva di Shinrin-yoku.

Shinrin-yoku e Tradizioni Spirituali

Il concetto di Shinrin-yoku è intrecciato con varie tradizioni spirituali giapponesi. Shugendo, una pratica ascetica che coinvolge la meditazione in luoghi sacri della natura, ha profonde connessioni con l'approccio di Shinrin-yoku alla contemplazione nella foresta.

Forest Bathing nel Mondo Occidentale

L'idea di Shinrin-yoku ha oltrepassato i confini del Giappone, guadagnando riconoscimento nel mondo occidentale. La ricerca sugli effetti positivi del contatto con la natura ha portato molte persone a esplorare questa pratica come parte di uno stile di vita sano.

Sfide nella Pratica di Shinrin-yoku

Mentre Shinrin-yoku è accessibile, ci sono sfide legate all'urbanizzazione e alla vita moderna. Tuttavia, la creazione di parchi urbani, la riforestazione delle città e la promozione di spazi verdi possono contribuire a superare queste sfide, consentendo a più persone di beneficiare dell'esperienza di Shinrin-yoku.

L'Invito alla Riflessione

Il Shinrin-yoku non è solo un'attività, ma un invito alla riflessione sulla nostra connessione con la natura e il nostro modo di vivere. Ci sfida a rallentare, ad aprire i nostri sensi e a riconoscere la bellezza e la saggezza che si trovano nell'ambiente naturale che ci circonda.

Applicazioni Pratiche nella Vita di Tutti i Giorni

Integrare il concetto di Shinrin-yoku nella vita quotidiana può avvenire attraverso piccoli passi: Pausa Verde: Dedica del tempo ogni giorno per una breve passeggiata in un parco o un giardino.

Creare uno Spazio Naturale: Anche se si vive in un ambiente urbano, creare uno spazio verde personale può essere benefico. Anche una piccola pianta in casa può apportare benefici.

Sensibilizzazione ai Cicli Naturali: Osserva il cambiamento delle stagioni, sperimentando la bellezza in continua evoluzione della natura.

Conclusioni e Invito alla Pratica

In conclusione, il Shinrin-yoku si presenta come un antidoto prezioso per il caos della vita moderna. Questo bagno di foresta offre una via per riconnettersi con la natura, migliorare la salute e favorire uno stato mentale sereno. Attraverso la pratica di Shinrin-yoku, possiamo imparare a vivere in armonia con il mondo naturale e a trovare il benessere in un'esperienza così semplice, ma profonda. Nel prossimo capitolo, esploreremo le antiche tecniche giapponesi per gestire lo stress e promuovere la salute mentale, fornendo un ulteriore approfondimento nella ricca saggezza della filosofia giapponese.

CAPITOLO 6: GLI INSEGNAMENTI DELLA CULTURA ZEN

Nel cuore della filosofia giapponese si trova lo Zen, una via di pensiero e pratica che ha plasmato profondamente la cultura e la mentalità del Giappone. In questo capitolo, esploreremo gli insegnamenti dello Zen e la pratica della meditazione, analizzando come questi possano contribuire al benessere mentale, alla consapevolezza e all'equilibrio nella vita di tutti i giorni.

Origini dello Zen

Lo Zen ha le sue radici nel Buddhismo Mahāyāna, ma ha evoluto in una pratica distintiva con l'incorporazione di elementi della cultura cinese e giapponese. Giunse in Giappone nel VI secolo, e nel corso dei secoli, si sviluppò come una forma di buddhismo particolarmente centrata sulla pratica diretta per raggiungere l'illuminazione.

Principi Fondamentali dello Zen

Il Qui e Ora (Ici et Maintenant): Lo Zen enfatizza l'importanza di vivere nel momento presente. Attraverso la pratica della consapevolezza, si cerca di liberarsi dalle preoccupazioni del passato e del futuro per abbracciare appieno il presente.

La Non-dualità: Nel Zen, si insegna che le dualità concettuali (bene-male, successo-fallimento) sono illusioni. Raggiungere l'illuminazione significa trascendere queste dualità e percepire la realtà al di là dei concetti dualistici.

L'Esperienza Diretta: Lo Zen enfatizza l'importanza dell'esperienza diretta rispetto alla conoscenza concettuale. La comprensione profonda si raggiunge attraverso la pratica e l'esperienza personale piuttosto che attraverso l'elaborazione intellettuale.

La Pratica della Meditazione Zen (Zazen)

1. Postura: Seduti in posizione di loto o su una sedia con la schiena dritta, gli occhi vengono mantenuti aperti con lo sguardo rivolto leggermente verso il basso.

2. Respiro: Il focus è sul respiro naturale. Inspirare ed espirare consapevolmente diventa il fulcro della meditazione, con l'attenzione rivolta all'atto stesso del respirare.

3. Sviluppo dell'Attenzione: Attraverso la pratica di Zazen, si sviluppa l'attenzione e la consapevolezza del momento presente. I pensieri vengono osservati senza giudizio e lasciati passare.

4. I Koan: Alcuni praticanti Zen lavorano su "koan", enigmi o affermazioni paradossali, come mezzi per superare il pensiero razionale e raggiungere una comprensione intuitiva.

Applicazioni nella Vita Quotidiana

Mindfulness nel Quotidiano: Gli insegnamenti Zen ci invitano a portare la consapevolezza sviluppata nella pratica della meditazione nella vita di tutti i giorni. Prestare attenzione a ogni azione, grande o piccola, diventa parte integrante della vita quotidiana.

Accettazione delle Fluttuazioni: Lo Zen insegna ad accettare le fluttuazioni naturali della vita con equanimità. Comprendere che la gioia e il dolore sono aspetti inevitabili dell'esistenza permette di affrontare le sfide con serenità.

Semplicità ed Essenzialità: Ridurre al minimo le distrazioni e concentrarsi sull'essenziale è un principio zen che può essere applicato al nostro ambiente, alle relazioni e alle attività quotidiane.

Il Concetto di Satori

Nel contesto dello Zen, "satori" rappresenta un momento di illuminazione improvvisa e completa. È la realizzazione immediata della natura ultima della realtà. Sebbene non sia un obiettivo che si può forzare, la pratica Zen mira a creare le condizioni propizie affinché satori possa manifestarsi spontaneamente.

Gli Insegnamenti Zen nella Cultura Giapponese

Arte e Architettura: L'estetica Zen si riflette nell'arte giapponese e nell'architettura. Semplicità, purezza e spontaneità sono evidenti nei giardini zen, nella ceramica, nella calligrafia e nelle arti marziali.

Il Cha-no-yu (Cerimonia del Tè): La pratica zen è profondamente radicata nella cerimonia del tè giapponese, dove la preparazione e la condivisione del tè diventano atti meditativi.

L'Arte delle Arti Marziali: Molte arti marziali giapponesi, come il judo, il kendo e l'aikido, hanno radici nel pensiero e nella pratica Zen. La concentrazione mentale e la presenza nel momento sono elementi chiave.

Sfide nella Pratica Zen

La pratica dello Zen non è priva di sfide. La mente occidentale spesso abituata al pensiero analitico può trovare difficile adattarsi all'approccio non-concettuale dello Zen. Tuttavia, superare queste sfide può portare a una comprensione più profonda della natura della mente e della realtà.

Applicazioni Contemporanee dello Zen

Oggi, molti cercano nei principi Zen una guida per affrontare lo stress e trovare un significato più profondo nella vita. La mindfulness, derivata in parte dalla pratica Zen, è stata adottata in tutto il mondo come strumento per migliorare la salute mentale.

Conclusione e Invito alla Pratica

Gli insegnamenti della cultura Zen offrono una via per scoprire la pace interiore, la consapevolezza e l'equilibrio nella vita quotidiana. Attraverso la pratica della meditazione e l'applicazione dei principi zen, possiamo imparare a vivere con maggiore chiarezza e compassione. Nel prossimo capitolo, esploreremo come applicare la saggezza giapponese nei contesti professionali e personali, integrando gli insegnamenti della filosofia giapponese nelle nostre vite moderne.

CAPITOLO 7: ARMONIA E BILANCIAMENTO NELLA FILOSOFIA GIAPPONESE

Nel cuore della filosofia giapponese si trova il principio fondamentale di armonia, un concetto intrinseco alla cultura e alla mentalità del Giappone. In questo capitolo, esamineremo il significato profondo dell'armonia e del bilanciamento presenti nella filosofia giapponese, esplorando come questi principi possano guidare le relazioni interpersonali e plasmare la vita sociale.

Definizione di Armonia (Wa)

Il concetto di armonia, noto come "Wa" in giapponese, è centrale nella cultura e nella filosofia del Giappone. Wa non è solo un semplice equilibrio, ma una sinergia dinamica in cui le parti interagiscono in modo integrato per creare un tutto armonioso. Questo principio è evidente in vari aspetti della vita giapponese, dalle relazioni personali alla natura e all'arte.

Armonia nelle Relazioni Interpersonali

Rispetto per l'Altro: Nelle relazioni interpersonali, l'armonia si manifesta attraverso il rispetto reciproco. La consapevolezza delle esigenze e delle prospettive degli altri contribuisce alla creazione di relazioni armoniose.

Evitare Conflitti Aperti: La cultura giapponese spesso promuove l'evitare conflitti aperti o confronti diretti. Questo non significa mancanza di espressione, ma piuttosto una ricerca di soluzioni che preservino l'equilibrio sociale.

Collettivismo e Interdipendenza: L'armonia giapponese è fortemente legata al concetto di collettivismo. La coesione sociale e l'interdipendenza sono viste come elementi cruciali per mantenere l'armonia nella società.

Bilanciamento tra Opposti (In'yo)

Il principio di In'yo rappresenta il bilanciamento tra opposti complementari, un concetto che si trova radicato nella filosofia giapponese. Questo principio è spesso raffigurato nei simboli del Yin e del Yang, che rappresentano l'interconnessione tra forze contrapposte e il costante fluire del cambiamento.

In'yo nella Natura

Cicli delle Stagioni: Il Giappone, con le sue quattro stagioni distintive, offre una rappresentazione tangibile del principio di In'yo. L'alternanza ciclica tra inverno ed estate, oscurità e luce, riflette l'equilibrio intrinseco tra opposti.

Armonia con l'Ambiente Naturale: La coabitazione armoniosa con la natura è un tema ricorrente nella filosofia giapponese. La costruzione di giardini, la pittura paesaggistica e la poesia Haiku riflettono un profondo rispetto per il bilanciamento naturale.

In'yo nelle Arti e nella Cultura

L'Arte del Ikebana: L'arte giapponese dell'arrangiamento floreale, conosciuta come Ikebana, esprime il principio di In'yo. La disposizione di fiori e rami simboleggia l'armonia tra il formale e l'informale, il pieno e il vuoto.

Teatro Noh: Nel teatro Noh, un'antica forma di dramma giapponese, il concetto di In'yo si riflette nelle espressioni dei personaggi e nella drammaturgia, che cerca l'equilibrio tra la bellezza e il mistero.

Bilanciamento tra Debito e Credito (Mottainai)

Un altro aspetto del bilanciamento presente nella cultura giapponese è il concetto di "Mottainai", che si riferisce all'inaccettabilità dello spreco e alla consapevolezza di non sfruttare le risorse in modo eccessivo. Questo principio promuove il rispetto per ciò che è limitato e una gestione oculata delle risorse.

Applicazioni Pratiche nella Vita Moderna

Armonia nel Lavoro: Nel contesto lavorativo, l'armonia si traduce in un ambiente di lavoro collaborativo, dove la cooperazione e il rispetto reciproco contribuiscono alla produttività e al benessere dei dipendenti.

Sostenibilità Ambientale: Il concetto di Mottainai può essere applicato nella vita moderna attraverso pratiche sostenibili, riduzione degli sprechi e consapevolezza dell'impatto ambientale delle nostre azioni.

Bilanciamento nella Vita Personale: Trovare un equilibrio tra lavoro e vita personale è un'applicazione pratica dei principi di armonia. L'evitare gli estremi e coltivare un equilibrio sano promuove il benessere generale.

Sfide nel Mantenere l'Armonia

Mentre l'armonia è un ideale ammirato nella cultura giapponese, mantenere l'equilibrio può presentare sfide in un mondo in continua evoluzione. I cambiamenti sociali, la globalizzazione e le pressioni moderne possono mettere alla prova la capacità di mantenere l'armonia, ma allo stesso tempo offrono opportunità di adattamento e crescita.

Riflessioni sulla Filosofia Giapponese

Il concetto di armonia e bilanciamento nella filosofia giapponese ci invita a riflettere su come possiamo integrare questi principi nella nostra vita quotidiana. Attraverso la consapevolezza delle relazioni, il rispetto per la natura e il bilanciamento tra opposti, possiamo coltivare un modo di vivere che abbraccia l'armonia e promuove il benessere individuale e collettivo.

Conclusioni e Prossimi Passi

In questo capitolo, abbiamo esplorato la profonda connessione tra la filosofia giapponese e i concetti di armonia e bilanciamento. Nel prossimo capitolo, esamineremo come questi principi possano essere applicati nella sfera della crescita personale e dello sviluppo individuale, esplorando come la saggezza giapponese possa guidare il nostro percorso verso la realizzazione e il significato nella vita.

CAPITOLO 8: ETICA E VALORI NELL'ETÀ MODERNA

L'etica e i valori tradizionali costituiscono il tessuto culturale di molte società, offrendo un quadro di riferimento per le decisioni morali e la condotta umana. Nell'età moderna, caratterizzata da rapidi cambiamenti, globalizzazione e sviluppo tecnologico, sorgono sfide che mettono alla prova l'integrità di questi valori. In questo capitolo, esploreremo come i valori etici tradizionali si integrino con le sfide e le opportunità dell'età moderna, cercando di mantenere un equilibrio tra tradizione e progresso.

Introduzione all'Etica Tradizionale

1. Rispetto e Integrità: Valori etici come il rispetto per gli altri e l'integrità personale sono radicati in molte tradizioni culturali. Questi valori forniscono una guida per la condotta individuale e collettiva.

2. Responsabilità Sociale: L'etica tradizionale spesso enfatizza la responsabilità sociale, incoraggiando l'individuo a contribuire al bene comune e a considerare l'impatto delle proprie azioni sulla comunità.

3. Equità e Giustizia: Il concetto di equità e giustizia è spesso sottolineato nelle tradizioni etiche, promuovendo un trattamento giusto e uguale per tutti i membri della società.

Sfide dell'Età Moderna

1. Globalizzazione: Nell'era della globalizzazione, le

interconnessioni tra diverse culture e società presentano sfide per i valori etici tradizionali. La necessità di comprendere e rispettare le differenze culturali diventa cruciale.

2. Sviluppo Tecnologico: L'avanzamento tecnologico rapido solleva questioni etiche riguardanti la privacy, l'intelligenza artificiale, la bioetica e altro ancora. Le tradizioni etiche devono adattarsi per affrontare nuove realtà.

3. Cambiamenti Sociali: L'evoluzione delle norme sociali e dei diritti civili richiede un riesame dei valori etici tradizionali per garantire l'inclusività e l'uguaglianza.

Integrazione di Valori Tradizionali

1. Conservazione e Adattamento: Una sfida chiave consiste nella conservazione dei valori etici fondamentali, mentre si adatta alle nuove dinamiche sociali ed economiche. La flessibilità nella comprensione e nell'applicazione dei valori è essenziale.

2. Dialogo Interculturale: La globalizzazione richiede un dialogo aperto e rispettoso tra culture. L'etica tradizionale può diventare un terreno comune per la comprensione reciproca e la costruzione di ponti tra le differenze.

3. Educazione Etica: Promuovere l'educazione etica può contribuire a coltivare una società in cui i valori tradizionali sono compresi in profondità e integrati nelle decisioni quotidiane.

Case Study: Giappone

Il Giappone offre un esempio interessante di come la cultura tradizionale abbia affrontato le sfide dell'età moderna. Con radici profonde nella filosofia giapponese, la società giapponese ha mantenuto valori come il rispetto, l'armonia e la dedizione al lavoro, pur abbracciando l'innovazione e l'economia globale.

Kaizen nell'Economia: Il concetto di Kaizen, il miglioramento continuo, è stato applicato con successo nell'economia giapponese, consentendo al Paese di rimanere competitivo e innovativo.

Equilibrio tra Lavoro e Vita: La cultura giapponese ha affrontato la sfida del lavoro eccessivo cercando di promuovere un migliore equilibrio tra vita lavorativa e personale.

Rispetto per la Natura: L'etica giapponese tradizionale, come lo Shinrin-yoku (il bagno di foresta), è stata mantenuta come modo di coltivare il benessere in un mondo sempre più urbanizzato.

La Necessità di Nuovi Approcci Etici

Nell'età moderna, emergono nuove sfide etiche che richiedono riflessioni e soluzioni innovative:

Etica Digitale: La gestione della privacy online, la sicurezza digitale e l'impatto dell'automazione sono questioni etiche cruciali che richiedono nuovi approcci.

Sostenibilità Ambientale: L'etica ambientale diventa sempre più importante in risposta alle sfide climatiche globali. La responsabilità ecologica è diventata una componente centrale dell'etica contemporanea.

Equità Sociale: La lotta per l'equità sociale e la giustizia richiede un impegno etico per superare disparità sistemiche e discriminazioni.

La Via Avanti: Sintesi tra Tradizione e Progresso

Per affrontare le sfide etiche dell'età moderna, la sintesi tra tradizione e progresso diventa essenziale:

Valori Fondamentali: Identificare i valori etici fondamentali che resistono alle sfide del tempo e delle nuove realtà.

Adattamento Responsabile: Adattare i valori etici in modo responsabile, preservando l'essenza mentre si risponde alle esigenze della società in evoluzione.

Collaborazione Globale: Collaborare a livello globale per sviluppare norme etiche condivise che affrontino questioni come la tecnologia, l'ambiente e i diritti umani.

Conclusioni e Prossimi Passi

In conclusione, l'integrazione di valori etici tradizionali con le sfide dell'età moderna richiede un approccio bilanciato e consapevole. La riflessione continua su come preservare l'integrità dei valori fondamentali in un mondo in rapido cambiamento è essenziale per costruire una società eticamente informata e sostenibile. Nel prossimo capitolo, esploreremo come applicare questi principi etici nella sfera delle decisioni aziendali e della leadership, cercando di armonizzare le esigenze commerciali con l'integrità etica.

CAPITOLO 9: MENTE E CORPO - L'APPROCCIO OLISTICO GIAPPONESE

L'approccio giapponese alla salute si distingue per la sua prospettiva olistica, che considera mente e corpo come elementi interconnessi di un'unica entità. In questo capitolo, analizzeremo l'approccio olistico giapponese alla salute, esplorando la connessione tra mente e corpo e approfondendo pratiche che promuovono il benessere in entrambi gli aspetti.

Fondamenti della Medicina Tradizionale Giapponese

Il Concetto di Ki (氣): Al centro della medicina tradizionale giapponese si trova il concetto di "ki," una forza vitale che permea tutto, compreso il corpo umano. L'equilibrio armonioso del ki è essenziale per la salute globale.

I Cinque Elementi (Gonkyo): I cinque elementi (Legno, Fuoco, Terra, Metallo, Acqua) sono fondamentali nella comprensione della salute in medicina tradizionale giapponese. Ognuno di essi è associato a organi specifici e influisce sulla salute fisica e mentale.

Mente e Corpo Come Unico Ente

Il Concetto di "Shinshin Toitsu" (心身統一): Shinshin Toitsu, che significa "unità di mente e corpo,", riflette la prospettiva giapponese che mente e corpo sono interdipendenti. La salute è considerata come un equilibrio armonioso tra questi due aspetti.

Principio di Armonia: L'armonia è un principio chiave nell'approccio olistico giapponese. Si crede che il mantenimento dell'armonia nella mente e nel corpo conduca a una vita sana e appagante.

Pratiche Tradizionali per la Salute Olistica

1. Yoga e Tai Chi: Pratiche come lo yoga e il tai chi, sebbene abbiano origini in diverse tradizioni, sono state adottate in Giappone come mezzi efficaci per migliorare la flessibilità, la forza e promuovere il rilassamento mentale.

2. Shiatsu: Lo Shiatsu è una forma di terapia manuale che mira a bilanciare il flusso di energia nel corpo. Attraverso la pressione delle mani e delle dita su specifici punti energetici, si favorisce il benessere fisico e mentale.

3. Meditazione Zen: La pratica della meditazione Zen, derivante dalla filosofia buddhista, è stata adottata in Giappone per promuovere la consapevolezza e la calma mentale. La meditazione Zen è vista come un mezzo per raggiungere l'equilibrio e la chiarezza nella mente.

4. Bagni Termali (Onsen): Gli onsen, le terme giapponesi, offrono più di un semplice sollievo fisico. Sono considerati luoghi in cui mente e corpo possono rilassarsi simultaneamente, favorendo il benessere totale.

Alimentazione e Salute

Dieta Giapponese Tradizionale: La dieta giapponese tradizionale è nota per essere equilibrata e variegata. Il consumo di pesce, riso, verdure e tè verde contribuisce a fornire nutrienti essenziali per la salute fisica e mentale.

Il Ruolo del Kaiseki: Il kaiseki, una forma di alta cucina giapponese, è progettato non solo per il gusto, ma anche per la presentazione estetica e l'equilibrio nutrizionale. Questo approccio culinario riflette l'importanza di nutrire il corpo e la mente.

Medicina Occidentale vs. Medicina Tradizionale Giapponese

Complementarità delle Approcci: Mentre la medicina occidentale si focalizza spesso sui sintomi fisici, la medicina tradizionale giapponese considera la salute in un contesto più ampio, includendo aspetti energetici e mentali. Molte persone in Giappone adottano un approccio complementare, integrando entrambi gli approcci.

La Prevenzione Come Focal Point: La medicina tradizionale giapponese pone un'enfasi particolare sulla prevenzione, incoraggiando pratiche quotidiane per mantenere l'equilibrio e prevenire le malattie, sia fisiche che mentali.

Sfide nell'Adozione dell'Approccio Olistico

Cambiamenti di Stile di Vita: In un mondo in rapido cambiamento, gli stili di vita moderni possono essere in contrasto con gli insegnamenti dell'approccio olistico giapponese. La mancanza di tempo e le pressioni quotidiane possono ostacolare la pratica regolare di attività benefiche per mente e corpo.

Integrazione Culturale: L'approccio olistico giapponese è radicato nella cultura del Paese. Integrarlo efficacemente in contesti culturali diversi può richiedere un adeguamento e un'appropriazione rispettosa delle pratiche.

Applicazioni Contemporanee

Mindfulness e Stress Lavorativo: Le pratiche olistiche giapponesi, come la meditazione e lo yoga, sono sempre più adottate nei contesti lavorativi per gestire lo stress e promuovere il benessere mentale.

Ricerca sulla Medicina Integrativa: La medicina integrativa, che fonde approcci occidentali e tradizionali, è oggetto di crescente interesse nella ricerca scientifica. Studi sulle pratiche come lo Shiatsu e la meditazione Zen cercano di valutare i loro benefici sulla salute.

Conclusioni e Invito alla Pratica

In conclusione, l'approccio olistico giapponese alla salute offre una visione integrata di mente e corpo. Esplorare e adottare pratiche che promuovono l'equilibrio e la connessione tra questi due aspetti può essere un cammino significativo verso il benessere totale. Nel prossimo capitolo, esamineremo come tali principi possano essere applicati nella sfera delle relazioni interpersonali, esplorando come la consapevolezza e l'equilibrio possano migliorare la qualità delle nostre connessioni con gli altri.

CAPITOLO 10: LA CERIMONIA DEL TÈ - UNA LEZIONE DI MINDFULNESS

La cerimonia del tè, conosciuta come "Chanoyu" o "Sadō" in giapponese, è una pratica antica e raffinata che va ben oltre la semplice preparazione e consumazione di una bevanda calda. In questo capitolo, esploreremo la cerimonia del tè come un esempio di mindfulness e connessione con il presente, evidenziando come questa pratica possa portare a una maggiore consapevolezza nella vita quotidiana.

La Cerimonia del Tè Come Arte

Origini Storiche: La cerimonia del tè ha le sue radici nel Giappone del XVI secolo, con il monaco Zen Sen no Rikyū che contribuì significativamente a trasformarla in un'arte raffinata e un rituale filosofico.

Connessione con il Buddhismo Zen: La pratica del tè è profondamente intrecciata con il Buddhismo Zen, che enfatizza la consapevolezza e l'attenzione al momento presente. La cerimonia del tè diventa così un veicolo per coltivare la mindfulness.

Elementi Chiave della Cerimonia del Tè

1. Chaji e Chakai: La cerimonia del tè può assumere due forme principali: "Chaji," una cerimonia completa con pasto, e "Chakai," una cerimonia più informale centrata sulla

preparazione e consumazione del tè.

2. Chanoyu: Il Modo del Tè: Questo termine, spesso usato come sinonimo di cerimonia del tè, riflette l'approccio filosofico che sottende la pratica. Chanoyu va oltre il gesto di preparare il tè, incorporando valori estetici, etici e spirituali.

3. Wa Kei Sei Jaku (和敬清寂): Questi quattro principi, che significano "armonia, rispetto, purezza, silenzio," guidano la pratica della cerimonia del tè. Sono considerati fondamentali per coltivare un ambiente di consapevolezza e rispetto reciproco.

La Preparazione del Tè Come Atto Mindful

1. Ritualità del Gestire gli Strumenti: La preparazione del tè coinvolge una serie di gesti rituali, dal lavare gli utensili alla mescolanza del tè. Ogni passo è eseguito con attenzione e consapevolezza, trasformando il processo in un'esperienza meditativa.

2. Concentrazione sul Momento Presente: La cerimonia del tè richiede una completa concentrazione sul momento presente. Ogni azione è eseguita lentamente e deliberatamente, incoraggiando la consapevolezza totale e il distacco dalle preoccupazioni quotidiane.

3. Il Significato Simbolico del Tè: Il te stesso assume un significato simbolico nella cerimonia. Oltre a essere una bevanda, il tè rappresenta l'armonia, la purezza e la semplicità. Consumare il tè diventa così un atto di riflessione e gratitudine.

L'Importanza dell'Atmosfera

Il Ruolo dell'Arte e dell'Estetica: La cerimonia del tè pone un forte accento sull'arte e sull'estetica. Dall'arredamento della sala alla scelta delle utensilerie, ogni elemento è selezionato con attenzione per creare un'atmosfera di calma e bellezza.

La Semplicità come Forma di Eleganza: Nonostante la ricerca di estetica, la cerimonia del tè abbraccia la semplicità come forma di eleganza. Questo principio riflette l'importanza di apprezzare la bellezza nella modestia e nella semplicità.

La Cerimonia del Tè come Metafora per la Vita

Impermanenza (Mono no Aware): La cerimonia del tè riflette l'essenza dell'impermanenza, un concetto centrale nella filosofia giapponese. Ogni cerimonia è unica e irreversibile, simile alla natura transitoria della vita stessa.

Equilibrio tra Formalità e Intimità: La cerimonia del tè dimostra la capacità di bilanciare la formalità del rituale con la creazione di un'atmosfera intima e accogliente. Questo equilibrio è una lezione preziosa per la vita quotidiana.

Applicazioni Pratiche nella Vita Moderna

Mindfulness e Riduzione dello Stress: I principi della cerimonia del tè, con la loro enfasi sulla consapevolezza e il distacco, sono stati adottati come strumenti per gestire lo stress e promuovere il benessere mentale.

Connessione Interpersonale: Condividere la cerimonia del tè può essere un modo significativo per stabilire connessioni interpersonali. La pratica collettiva della mindfulness crea un senso di comunità e condivisione.

Rituali Personali di Mindfulness: Gli elementi rituali della cerimonia del tè possono ispirare rituali personali di mindfulness. Anche gesti quotidiani, quando eseguiti con attenzione, possono diventare atti di consapevolezza.

Sfide e Riflessioni

Accessibilità e Tempo: La cerimonia del tè richiede tempo e impegno, e potrebbe non essere facilmente accessibile a tutti nella vita moderna. Tuttavia, anche adattamenti più brevi di rituali mindfulness possono offrire benefici significativi.

Integrazione nella Vita Quotidiana: La sfida sta nell'integrare i principi della cerimonia del tè nella vita quotidiana. Tuttavia, anche piccoli atti di consapevolezza possono accumularsi nel promuovere un modo di vivere più mindful.

Conclusione: Una Vita Nell'Adesso

La cerimonia del tè ci insegna che la vita è fatta di momenti, ciascuno prezioso e unico. La pratica della mindfulness, ispirata da questa antica arte giapponese, ci invita a vivere nel presente, a celebrare la bellezza della semplicità e a coltivare un profondo senso di gratitudine per ogni istante. Nella prossima sezione, esploreremo come questi principi di mindfulness possano arricchire le relazioni interpersonali, offrendo spunti su come coltivare connessioni significative con gli altri.

CAPITOLO 11: ARTIGIANATO E CREATIVITÀ - ESPRESSIONE DELL'ANIMA

L'artigianato e la creatività occupano un posto di rilievo nella cultura giapponese, fungendo da tramite per esprimere l'anima e la bellezza intrinseca. In questo capitolo, esamineremo il ruolo fondamentale dell'artigianato e della creatività nella società giapponese, esplorando come queste attività siano un mezzo di espressione profonda e di connessione con la ricchezza della vita.

L'Artigianato Giapponese come Tesoro Culturale

Storia e Tradizioni: L'artigianato giapponese ha radici profonde nella storia del paese, risalendo a secoli fa. Oggetti come ceramiche, tessuti, utensili tradizionali e altro ancora sono testimoni delle abilità artigianali tramandate attraverso le generazioni.

Rispetto per i Materiali: Gli artigiani giapponesi attribuiscono grande importanza alla scelta dei materiali. Legno, ceramica, carta, e altri elementi naturali sono selezionati con attenzione per la loro intrinseca bellezza e qualità.

Shokunin: L'Arte dell'Artigianato

Il Concetto di Shokunin (職人): Gli artigiani giapponesi sono spesso definiti "shokunin," una parola che va oltre il concetto di mestiere. Essa abbraccia l'idea di dedizione, maestria e un profondo senso di responsabilità nel portare avanti una tradizione artigianale.

Il Percorso verso la Maestria: Diventare uno shokunin richiede anni di pratica diligente. Gli apprendisti si impegnano in un percorso che va oltre l'acquisizione di competenze tecniche, abbracciando una filosofia di vita.

Espressione dell'Anima Attraverso le Mani

Arte e Spiritualità: L'artigianato in Giappone è spesso associato alla spiritualità. La creazione di un oggetto è vista come un atto di meditazione e riflessione, un modo per esprimere l'anima dell'artista e connettersi con il divino.

Wabi-Sabi nell'Artigianato: Il concetto di wabi-sabi, che celebra la bellezza delle imperfezioni e la natura effimera delle cose, è spesso evidente nell'artigianato giapponese. Le creazioni sono intenzionalmente imperfette, portando con sé una profonda bellezza e umanità.

Artigianato e Creatività Nella Vita Quotidiana

1. Ceramiche e Porcellane:

Imari-yaki e Kutani-yaki: Queste tradizioni ceramiche giapponesi producono opere d'arte intricatamente dipinte e scolpite, che vanno dalle delicate porcellane ai robusti piatti tradizionali.

2. Tessitura e Kimono:

Nishijin-ori: Il tessuto di Nishijin, prodotto a Kyoto, è noto per la sua eleganza e complessità. Questi tessuti vengono spesso utilizzati per creare kimono, che sono vere e proprie opere d'arte indossabili.

3. Carta Washi:

Washi e Origami: La carta washi, fatta a mano con

metodi tradizionali, è un materiale utilizzato in molte forme artistiche, incluso l'origami. Piegare la carta per creare figure è un'arte che richiede precisione e creatività.

4. Intaglio del Legno:

Netsuke e Kokeshi: L'intaglio del legno è evidente in oggetti come i netsuke (ornamenti portati con gli abiti tradizionali) e le bambole kokeshi. Ogni pezzo è unico, riflettendo lo stile e la visione dell'artista.

L'Influenza dell'Artigianato nella Vita Moderna

Eredità Artigianale nelle Tecnologie Moderne: L'artigianato tradizionale ha influenzato l'innovazione tecnologica in Giappone. L'attenzione per i dettagli, la precisione e l'estetica artigianale si riflettono in prodotti tecnologici di alta qualità.

Artigianato Contemporaneo: Molti artisti contemporanei in Giappone continuano a reinterpretare le tradizioni artigianali in chiave moderna. La fusione di tecniche antiche con concetti contemporanei crea opere uniche e stimolanti.

Creatività Come Mezzo di

Espressione Arte Visiva

Contemporanea:

Manga e Anime: La cultura giapponese è conosciuta per il manga e l'anime, forme d'arte che hanno raggiunto una vasta popolarità globale. Queste espressioni creative affrontano tematiche complesse e contemporanee.

Letteratura e Poesia:

Haiku e Tanka: La tradizione della poesia breve, come l'haiku e il tanka, è ancorata nell'uso creativo del linguaggio per catturare momenti e emozioni. Queste forme poetiche sono espressioni profonde e sintetiche della creatività.

Sfide e Riflessioni

Globalizzazione e Artigianato: La globalizzazione presenta sfide e opportunità per l'artigianato giapponese. La diffusione della cultura può portare ad una maggiore apprezzamento, ma anche a rischi di appropriazione culturale.

Conservazione e Innovazione: Gli artigiani giapponesi si trovano spesso a navigare tra la conservazione delle tradizioni e l'innovazione creativa. Trovare un equilibrio tra queste due forze è una sfida che definisce la vitalità dell'artigianato.

Conclusione: L'Arte Come Viaggio

In conclusione, l'artigianato e la creatività in Giappone vanno al di là di semplici attività manuali; sono viaggi dell'anima, esplorazioni dell'estetica e del significato. Queste forme d'arte continuano a plasmare la cultura giapponese, offrendo una profonda connessione con il passato e al contempo ispirando nuove vie per l'espressione creativa. Nel prossimo capitolo, esploreremo il concetto di bellezza e la sua influenza nella filosofia e nell'arte giapponese.

CAPITOLO 12: IL CONCETTO DI MA - TROVARE SPAZIO TRA LE COSE

Il concetto di "Ma" nella cultura giapponese è una forma di saggezza che ci invita a trovare significato nel vuoto, nel silenzio e nello spazio che esiste tra le cose. In questo capitolo, esploreremo il profondo significato di "Ma" e come questa dimensione influenzi il modo in cui percepiamo il nostro ambiente, le relazioni e la vita stessa.

Definendo "Ma"

Il Significato Linguistico: La parola "Ma" può essere tradotta letteralmente come "spazio" o "vuoto" in giapponese. Tuttavia, il suo significato va oltre la sua traduzione, abbracciando la sottile relazione tra gli oggetti e gli intervalli di spazio tra di essi.

Uno Stato di Equilibrio: "Ma" non è solo l'assenza di cose; è uno stato di equilibrio dinamico che permette alle cose di esistere in relazione l'una all'altra. È il respiro tra i suoni, la pausa tra i movimenti, l'intervallo tra gli eventi.

"Ma" Nell'Arte e nell'Architettura

1. Arte Visiva:

Spazio nel Dipinto Sumi-e: Nella pittura tradizionale giapponese Sumi-e, lo spazio bianco è tanto importante quanto gli elementi dipinti. Questo spazio sottolinea la bellezza degli oggetti e permette loro di emergere con chiarezza.

2. Architettura:

Il Giardino Zen e gli Interni: Nell'architettura giapponese, "Ma" è evidente nei giardini zen e nelle strutture tradizionali come le case a pianta aperta. Gli spazi vuoti sono deliberatamente progettati per creare una sensazione di calma e armonia.

"Ma" Nella Musica e nella Danza

1. Musica Tradizionale:

Il Suono dello Shakuhachi: Nella musica giapponese tradizionale, come quella suonata con lo shakuhachi, ciò che è lasciato non detto è altrettanto importante di ciò che è suonato. Le pause e le note vuote contribuiscono alla profondità dell'esperienza musicale.

2. Danza Noh e Kabuki:

La Grazia del Silenzio nella Danza Noh: La danza Noh è caratterizzata da movimenti misurati e pause significative. La grazia risiede nei momenti di silenzio, dove l'attenzione è rivolta non solo all'azione, ma anche allo spazio tra le azioni.

"Ma" Nelle Relazioni

Interpersonali

Comunicazione Non

Verbale:

L'Arte del Silenzio: Nelle relazioni giapponesi, il silenzio può parlare più delle parole. Trovare spazio nel dialogo permette la riflessione e la comprensione reciproca.

Respiro nei Rapporti Familiari:

Tempo di Qualità vs. Quantità: "Ma" è evidente anche nei rapporti familiari. La qualità del tempo trascorso insieme è altrettanto importante quanto la quantità, e spazi di silenzio possono approfondire la connessione emotiva.

"Ma" Come Filosofia

di Vita Mindfulness

e Consapevolezza:

Vivere nel Momento Presente: "Ma" è un invito a vivere nel momento presente. Essa offre la possibilità di apprezzare la bellezza delle cose senza sovraccaricarle con il frastuono della vita quotidiana.

Il Ruolo del Respirare: Nel movimento del respiro, troviamo una metafora di "Ma". Il respiro ha momenti di inspirazione e espirazione, così come la vita ha momenti di azione e riflessione.

Sfide Nella Comprensione di "Ma"

Società Occidentali e Velocità: Nelle società occidentali, dominate dalla velocità e dalla frenesia, la comprensione di "Ma" può risultare sfidante. La ricerca della calma e della riflessione può essere estranea a un mondo sempre in movimento.

Equilibrio Tra "Ma" e Attività:

Rischi dell'Attivismo Costante: La società moderna spinge spesso all'attivismo costante. Tuttavia, trovare un equilibrio tra azione e spazio per la riflessione è cruciale per una vita equilibrata.

Applicazioni Contemporanee di "Ma"

Design Minimalista e Spazi Aperti: Il design contemporaneo, influenzato dalla filosofia giapponese, abbraccia spazi aperti e minimalismo, creando ambienti che rispettano il concetto di "Ma".

Tecnologia e Momenti di Sospensione:

Pause Nelle Comunicazioni Digitali: L'uso consapevole della tecnologia può integrare momenti di "Ma" nelle comunicazioni digitali, permettendo pause che favoriscono la comprensione e la riflessione.

Conclusione: La Bellezza Nel Vuoto

In conclusione, "Ma" ci insegna a trovare la bellezza nel vuoto, a dare spazio al significato tra le cose. Questa filosofia invita a percepire il mondo con occhi aperti e a trovare valore nelle pause così come nelle azioni. Nella prossima sezione, esploreremo il concetto di "Mono no Aware," celebrando la bellezza transitoria delle cose.

CAPITOLO 13: LA VIA DEL GUERRIERO - BUSHI-DO E ETICA PERSONALE

La Via del Guerriero, conosciuta come Bushi-do in giapponese, rappresenta un codice etico seguito dai samurai nel corso della storia giapponese. In questo capitolo, esploreremo i principi etici del Bushi-do e come questi possano essere applicati nella vita quotidiana per sviluppare un forte senso di disciplina, onore e lealtà.

I Fondamenti

del Bushi-

do Giustizia e

Onore:

Giustizia Personale: Nel Bushi-do, la giustizia personale è fondamentale. I samurai si impegnavano a difendere la giustizia, proteggendo i deboli e combattendo l'ingiustizia, anche a costo della propria vita.

Onore e Devozione:

Fedeltà e Lealtà: La lealtà era un principio cardine del Bushi-do. I samurai erano legati da un forte senso di fedeltà nei confronti del loro signore e del proprio codice etico. La mancanza di lealtà era considerata un grave disonore.

Disciplina e Autocontrollo:

Autocontrollo Emotivo: La disciplina e l'autocontrollo erano essenziali per i samurai. Mantenere la calma nelle situazioni difficili e agire con discernimento erano considerate virtù fondamentali.

Applicazioni Pratiche nella Vita Quotidiana

1. La Disciplina Personale:

Pianificazione e Organizzazione: Il Bushi-do promuove la disciplina personale attraverso la pianificazione e l'organizzazione. Stabilire obiettivi chiari e seguire una routine quotidiana contribuiscono a sviluppare una mentalità disciplinata.

2. Onore Nelle Relazioni Interpersonali:

Lealtà e Integrità: La lealtà e l'integrità sono pilastri etici del Bushi-do che possono essere applicati nelle relazioni interpersonali moderne. Essere leali agli amici e alla famiglia, mantenere promesse e onorare impegni sono esempi di lealtà e integrità.

3. Autocontrollo Nelle Situazioni Stressanti:

Gestione dello Stress: Il Bushi-do insegna a mantenere la calma anche nelle situazioni più stressanti. L'apprendimento delle tecniche di gestione dello stress e la pratica della mindfulness possono aiutare a mantenere la chiarezza mentale nelle sfide quotidiane.

Valorizzare il Bushi-

do Nella Vita Moderna

Adattare i Principi di

Giustizia:

Advocacy e Giustizia Sociale: Applicare i principi di giustizia del Bushi-do può tradursi nell'advocacy per la giustizia sociale. Combattere l'ingiustizia e difendere coloro che sono oppressi sono modi moderni di seguire questa via.

La Lealtà Nei Rapporti Professionali:

Impegno e Dedizione al Lavoro: La lealtà nei confronti del lavoro e dei colleghi può essere equiparata alla lealtà del Bushi-do. Essere dedicati al proprio lavoro e impegnarsi nella crescita professionale sono esempi di questo principio.

La Disciplina Nelle Attività Personali:

Esercizio Fisico e Mentale: La disciplina nell'esercizio fisico e mentale riflette il rispetto per il proprio corpo e la propria mente. Questa pratica quotidiana contribuisce alla salute e al benessere complessivo.

Sfide Nella Pratica del Bushi-do Moderno

Interpretare la Lealtà Nelle Relazioni Contemporanee:

Dinamiche Familiari e Sociali: Nelle dinamiche familiari e sociali moderne, la lealtà può essere interpretata in modi diversi. Trovare un equilibrio tra tradizione e adattamento è una sfida costante.

Conciliare la Giustizia Con Principi Universali:

Diversità e Inclusione: Adattare il concetto di giustizia del Bushi-do per riflettere principi universali come diversità e inclusione è essenziale nella società moderna. La giustizia dovrebbe essere equa per tutti.

L'Eredità del Bushi-do Nella

Cultura Moderna Cinema e

Letteratura:

Rappresentazioni di Eroi Morali: Molte opere cinematografiche e letterarie moderne traggono ispirazione dal Bushi-do, rappresentando eroi morali che affrontano sfide etiche.

Sport e Competizione Etica:

Valori Nelle Competizioni: Lo spirito del Bushi-do è spesso

evidente nello sport, dove la competizione etica e il rispetto per gli avversari sono considerati cruciali.

Conclusione: La Via del Guerriero Come Guida Personale

In conclusione, il Bushi-do è molto più di un antico codice etico; è un insieme di principi che possono guidare la vita moderna. La giustizia, l'onore, la disciplina e la lealtà rimangono virtù universali che possono informare le decisioni quotidiane e le relazioni. Nella prossima sezione, esploreremo la profonda connessione tra la natura e la filosofia giapponese, approfondendo il concetto di Shinrin- yoku.

CAPITOLO 14: SINTONIZZARSI CON LE STAGIONI - KIGO NELLA POESIA HAIKU

La poesia Haiku, una forma d'arte giapponese secolare, offre una finestra nella connessione profonda tra l'uomo e la natura. Uno degli elementi chiave che contribuisce a questa connessione è il concetto di "kigo." In questo capitolo, esploreremo il significato di "kigo" nella poesia Haiku e come l'arte di sintonizzarsi con le stagioni può portare a una maggiore consapevolezza e connessione con il mondo naturale.

Definendo "Kigo"

Il Significato di "Kigo":

Parole Stagionali: "Kigo" letteralmente significa "parole stagionali" in giapponese. Nella poesia Haiku, "kigo" si riferisce a parole o frasi che indicano specifiche stagioni o momenti nell'anno.

La Funzione di "Kigo":

Evocare Immagini e Emozioni: L'introduzione di "kigo" in un Haiku non è semplicemente una descrizione della stagione; piuttosto, cerca di evocare immagini e emozioni legate a quel momento specifico nel ciclo naturale.

La Sintonia con le Stagioni

1. Primavera:

Fioritura dei Ciliegi: La fioritura dei ciliegi, o "sakura," è un classico "kigo" primaverile. Evoca l'immagine di petali rosa che ricoprono il terreno e l'atmosfera di rinnovamento.

2. Estate:

Cicala Cantante: Il canto delle cicale durante l'estate è un "kigo" che trasmette il calore estivo e la vitalità della natura in piena attività.

3. Autunno:

Foglie d'Acero Rosse: Le foglie d'acero rosse, o "momiji," sono un'icona autunnale che suggerisce la transizione e la bellezza mutevole del paesaggio.

4. Inverno:

Neve Cadente: La neve cadente, o "yuki furu," è un "kigo" invernale che evoca il silenzio e la purezza del paesaggio innevato.

Kigo nella Creazione di Haiku

1. Rappresentare la Stagione:

Scelta Accurata delle Parole: La selezione accurata di "kigo" è fondamentale per rappresentare fedelmente la stagione e catturare l'essenza del momento descritto.

2. Simbolismo e Profondità:

Strati di Significato: I "kigo" portano con sé strati di significato simbolico. Ad esempio, la ciliegia in fiore non è solo un segno di primavera, ma può rappresentare la bellezza fugace della vita.

Kigo Contemporanei

Nuove Aggiunte al Repertorio:

Tecnologia e Cambiamenti Ambientali: Con l'evolversi della società, nuovi "kigo" emergono per riflettere cambiamenti come la tecnologia e le sfide ambientali.

Universalità e Globalizzazione:

Elementi Condivisi tra Culture: Mentre alcuni "kigo" sono specifici della cultura giapponese, ci sono elementi stagionali che possono essere compresi e condivisi in tutto il mondo.

Sintonizzarsi

con la Natura

Osservazione

Attenta:

Notare i Dettagli:

L'arte di sintonizzarsi con le stagioni richiede un'osservazione attenta dei dettagli della natura. Notare i cambiamenti nei colori, nei suoni e nelle sensazioni è essenziale per catturare l'essenza di ogni stagione.

Tempo e Cicli Naturali:

Riconoscere i Cicli Naturali: Sintonizzarsi con le stagioni significa riconoscere i cicli naturali e comprendere la relazione tra il tempo e la vita che evolve attorno a noi.

Kigo e la

Filosofia Zen

Presenza e

Mindfulness:

Essere Presenti nel Momento: La pratica di incorporare "kigo" negli Haiku riflette la filosofia Zen di essere presenti nel momento e di apprezzare la bellezza della vita in ogni sua manifestazione.

Armonia con la Natura:

Rispecchiare l'Armonia: I "kigo" aiutano a creare Haiku che riflettono l'armonia con la natura, uno dei principi fondamentali della filosofia Zen.

Sfide Nella Creazione di

Haiku Globalizzazione e

Diversità Culturale:

Adattare "Kigo" a Diverse Culture: Con la globalizzazione, la sfida è adattare il concetto di "kigo" per riflettere la diversità culturale e l'esperienza della natura in contesti geografici diversi.

Contemporaneità e Tradizione:

Innovazione Senza Perdere l'Essenza: Creare Haiku contemporanei con "kigo" richiede l'innovazione, ma è importante farlo senza perdere l'essenza e la profondità della tradizione.

Conclusione: Il Linguaggio Universale delle Stagioni

In conclusione, "kigo" nella poesia Haiku è un linguaggio universale che collega le persone alla natura, alle stagioni e ai cicli della vita. L'arte di sintonizzarsi con le stagioni attraverso le parole riflette la profonda connessione tra l'uomo e il mondo naturale. Nella prossima sezione, esploreremo il concetto di Wabi-sabi e la bellezza nelle imperfezioni della vita.

CAPITOLO 15: LA TECNOLOGIA E LA FILOSOFIA GIAPPONESE

La rapida avanzata della tecnologia nel mondo moderno ha portato sfide uniche, e la filosofia giapponese si trova a un crocevia tra l'innovazione tecnologica e la preservazione dei valori tradizionali. In questo capitolo, esamineremo come la filosofia giapponese affronta la modernità e la tecnologia, cercando di mantenere un equilibrio tra l'innovazione tecnologica e la preservazione dei valori radicati nella tradizione.

Shizen: La Natura

come Modello

Innovazione Ispirata

dalla Natura:

Biomimetismo Giapponese: La filosofia giapponese, con il suo profondo legame con la natura, ha ispirato approcci di progettazione che imitano i processi e i modelli naturali, cercando un'armonia più profonda tra la tecnologia e l'ambiente.

Armonia Tecnologica e Ambientale:

Edifici Sostenibili e Rispetto Ambientale: I principi di armonia con la natura influenzano la progettazione architettonica e la creazione di edifici sostenibili, evidenziando l'importanza di un approccio etico alla tecnologia.

La Tecnologia Come

Estensione della Persona Il

Concetto di "Yoroi":

L'Armatura Come Metafora: Nella cultura giapponese, l'"yoroi," l'armatura, è vista come un'estensione della persona. Nella modernità, la tecnologia può essere considerata come un "yoroi" che amplifica le capacità umane.

Umanizzazione della Tecnologia:

Robotica Empatica e Intelligenza Artificiale: I progressi nella robotica e nell'intelligenza artificiale si concentrano sulla creazione di tecnologie che comprendono e rispettano le emozioni umane, cercando di umanizzare l'interazione tra uomo e macchina.

Equilibrio Tra

Tradizione e Modernità

La Conservazione della

Tradizione:

Patrimonio Culturale e Digitale: La filosofia giapponese sottolinea l'importanza di conservare la tradizione. Questo si riflette nella preservazione digitale del patrimonio culturale attraverso progetti di archiviazione digitale.

Le Tecnologie Dell'Informazione e la Società:

Connessione Virtuale e Valori Tradizionali: L'uso delle tecnologie dell'informazione, come i social media, può connettere le persone virtualmente, cercando al contempo di preservare i valori delle relazioni interpersonali tradizionali.

Wabi-sabi e Tecnologia

Apprezzare l'Imperfezione Tecnologica:

Wabi-sabi Digitale: Il concetto di wabi-sabi, che celebra la bellezza nelle imperfezioni, può essere applicato alla tecnologia digitale, incoraggiando un apprezzamento per le peculiarità e le imperfezioni del mondo virtuale.

Cicli di Vita Tecnologici:

Sostenibilità e Ciclo di Vita: Wabi-sabi si sposa con l'idea di sostenibilità nelle tecnologie, incoraggiando la progettazione di prodotti che rispettino il ciclo di vita, con una maggiore attenzione alla durabilità e al riciclo.

Zen e la Tecnologia

Mindfulness nell'Uso della Tecnologia:

Zen e Uso Consapevole: Gli insegnamenti zen promuovono la mindfulness nell'uso della tecnologia, invitando a una consapevolezza più profonda di come interagiamo con dispositivi digitali e reti.

Seminare il Silenzio Digitale:

Digital Detox e Momenti di Silenzio: Pratiche come il "silenzio digitale" riflettono l'importanza di pause nella tecnologia, abbracciando momenti di riflessione e tranquillità in un mondo costantemente connesso.

Tecnologia e

Armonia Sociale

Società Connessa e

Solitudine:

Ricerca di Equilibrio: La tecnologia ha contribuito a una maggiore connessione globale, ma ha anche portato a problemi come la solitudine. La filosofia giapponese cerca un equilibrio tra la connessione virtuale e l'attenzione alle relazioni reali.

Tecnologia e Innovazione Sociale:

Soluzioni Tecnologiche per Problemi Sociali: La filosofia

giapponese, con la sua enfasi sulla responsabilità sociale, guida l'innovazione tecnologica verso la creazione di soluzioni per problemi sociali, come l'invecchiamento della popolazione.

Sfide e Riflessioni

Etica nella Creazione Tecnologica:

Integrità e Responsabilità: La filosofia giapponese richiama all'etica nella creazione tecnologica, sottolineando l'importanza dell'integrità e della responsabilità nel processo di innovazione.

Impatto Ambientale della Tecnologia:

Sostenibilità e Consapevolezza Ambientale: L'innovazione tecnologica deve affrontare le sfide ambientali, incoraggiando soluzioni che siano sostenibili e rispettose dell'ambiente.

Conclusione: Armonia Tra Tecnologia e Tradizione

In conclusione, la filosofia giapponese cerca un'armonia tra la modernità tecnologica e la preservazione dei valori tradizionali. L'equilibrio tra innovazione e rispetto per la natura e la cultura riflette la profonda connessione tra il progresso tecnologico e l'essenza umana. Nella prossima sezione, esploreremo la pratica della meditazione e gli insegnamenti zen come fonti di equilibrio nella vita quotidiana.

CAPITOLO 16:
IL CONCETTO DI
"MONO NO AWARE"
- CONSAPEVOLEZZA
DELLA TRANSITORIETÀ

Il concetto di "Mono no Aware" è una gemma nella corona della filosofia giapponese, trasmettendo la profonda consapevolezza della transitorietà della vita e delle cose. In questo capitolo, esploreremo "Mono no Aware," riflettendo sulla sua essenza e su come questa prospettiva possa influenzare la nostra percezione del mondo.

Definendo "Mono no Aware"

Traduzione Letterale e Significato Profondo:

"La Bellezza delle Cose Effimere": Letteralmente tradotto come "la bellezza delle cose effimere," "Mono no Aware" esprime la consapevolezza e l'apprezzamento della natura transitoria di ogni cosa.

Origini Storiche e Letterarie:

Poesia e Letteratura: "Mono no Aware" ha radici profonde nella poesia e nella letteratura giapponese, in particolare nelle opere dell'antica letteratura come il "Manyoshu" e il "Kokinshu."

La Trasformazione

Delle Stagioni

Influenza delle

Stagioni:

Kigo e "Mono no Aware": La connessione con le stagioni, un elemento chiave nella poesia Haiku, si integra perfettamente con il concetto di "Mono no Aware," sottolineando la trasformazione continua della natura.

Il Ciclo Naturale e la Vita Umana:

Paralleli tra Nascita e Fioritura: Il ciclo naturale delle stagioni è spesso paragonato al ciclo della vita umana, con le fasi di nascita, crescita, maturità, declino e morte.

Consapevolezza Della

Transitorietà Sensibilità

Alle Fluttuazioni della

Vita:

Accettazione delle Variazioni:

"Mono no Aware" implica un atteggiamento di accettazione verso le variazioni della vita, siano esse gioie, tristezze o cambiamenti inevitabili.

Accettazione Delle Perdite e Dei Cicli Naturali:

Dolore e Bellezza Nell'Impermanenza: La consapevolezza della transitorietà significa accettare il dolore con la bellezza, riconoscendo che ogni cosa, anche nel suo declino, può essere intrinsecamente preziosa.

Mono no Aware Nella

Vita Quotidiana Nel

Concetto di "Wabi-sabi":

Celebrare l'Imperfezione: "Mono no Aware" è strettamente collegato al concetto di "Wabi-sabi," che celebra l'unicità e la bellezza nelle imperfezioni.

Relazioni Interpersonali:

Apprezzare i Momenti Condivisi: Nel contesto delle relazioni umane, "Mono no Aware" suggerisce di apprezzare pienamente i momenti condivisi, riconoscendo che nulla è eterno.

Il Cambiamento

Come Costante

Flusso Costante del

Tempo:

Sviluppo Individuale e Sociale: L'osservazione del flusso costante del tempo influisce sulla percezione dello sviluppo individuale e sociale, incoraggiando l'adattamento e la crescita.

Arte e Creazione:

L'Evocazione di Emozioni: Nelle arti, sia visive che performative, "Mono no Aware" cerca di evocare emozioni profonde attraverso la presentazione di momenti effimeri e struggenti.

L'Equilibrio Tra

Dolore e Bellezza Il

Concetto di "Aware":

Sensibilità e Consapevolezza: L'elemento "Aware" in "Mono no Aware" riflette la sensibilità e la consapevolezza profonda, suggerendo che la percezione acuta delle emozioni è essenziale per apprezzare appieno la bellezza delle cose effimere.

Gestione dell'Emozione:

Mindfulness e Controllo Emotivo: La pratica della mindfulness può aiutare a gestire le emozioni in modo equilibrato, accettando le variazioni con consapevolezza e grazia.

Mono no Aware Nella

Modernità Società

Tecnologicamente

Avanzate:

Rapporto con la Tecnologia: Anche nella modernità, "Mono no Aware" può influenzare il modo in cui affrontiamo la tecnologia, riconoscendo che anche le creazioni umane sono effimere.

Confronto Con la Velocità Moderna:

Rallentare il Passo: In una società caratterizzata dalla velocità, l'adottare il concetto di "Mono no Aware" può rappresentare una chiamata a rallentare, apprezzando le sfumature della vita.

Sfide Nella Pratica

di Mono no Aware

Crescita Personale e

Professionale:

Adattamento e Crescita: La pratica di "Mono no Aware" può presentare sfide nell'ambito della crescita personale e professionale, richiedendo l'adattamento e la crescita nonostante le inevitabili difficoltà.

Gestione delle Perdite:

Lavorare Con il Dolore: Accettare la perdita e il dolore è parte integrante della consapevolezza della transitorietà. Affrontare queste sfide può portare a una maggiore resilienza.

Conclusione: La Bellezza Della Vita Effimera

In conclusione, "Mono no Aware" ci invita a riflettere sulla bellezza della vita effimera, incoraggiandoci ad abbracciare la transitorietà con consapevolezza e gratitudine. La prossima sezione esplorerà la pratica dello Shinrin-yoku e il suo impatto benefico sulla salute fisica e mentale attraverso l'immersione

YUMIKO KAITO

nella natura.

CAPITOLO 17: IL POTERE DELLA GENTILEZZA - NURTURING DELLA COMPASSIONE

La gentilezza e la compassione occupano un posto centrale nella filosofia giapponese, permeando le relazioni umane e contribuendo a creare un tessuto sociale basato sulla comprensione reciproca. In questo capitolo, esamineremo il ruolo fondamentale della gentilezza e della compassione nella cultura giapponese, esplorando come queste virtù possano contribuire alla creazione di relazioni significative e positive.

Fondamenti Culturali

della Gentilezza

Principio di "Omoiyari":

Empatia e Preoccupazione: Il concetto di "Omoiyari" rappresenta la gentilezza basata sull'empatia e la preoccupazione per gli altri. Essa sottolinea la capacità di comprendere i sentimenti altrui e rispondere con premura.

"Kansha": Gratitudine e Riconoscenza:

Riconoscere il Bene Ricevuto: La pratica di "Kansha" insegna a riconoscere il bene ricevuto e ad esprimere gratitudine, contribuendo a coltivare un senso di apprezzamento reciproco.

Compassione Come

Pilastro Etico Il

Concetto di "Jin":

Umanità e Compassione Universale: Il concetto di "Jin" sottolinea l'umanità e la compassione universale, invitando a considerare gli altri come parte della nostra stessa esistenza.

"Benevolenza" Nella Dottrina Confuciana:

Influenza Confuciana sulla Gentilezza: La filosofia confuciana ha contribuito a plasmare il concetto di "Jin," enfatizzando la benevolenza come virtù essenziale nelle relazioni umane.

Gentilezza e Relazioni Interpersonali

Il Ruolo della Gentilezza Nella Comunicazione:

Empatia Nella Comunicazione: La gentilezza nella comunicazione implica l'uso di parole e gesti che riflettano empatia e rispetto, contribuendo a costruire connessioni più profonde.

Rispetto per la Diversità di Pensiero:

Tolleranza e Apertura Mentale: La gentilezza include il rispetto per la diversità di opinioni, incoraggiando la tolleranza e l'apertura mentale nelle interazioni quotidiane.

Pratica della Gentilezza

Nella Vita Quotidiana Atti di

Gentilezza Spontanei:

Generosità Senza Aspettative: La pratica di atti di gentilezza spontanei, senza aspettative di ricompensa, è una forma di "Omoiyari" che contribuisce a creare un ambiente di fiducia reciproca.

Gentilezza Come Riflesso della Mente:

Coltivare la Gentilezza Interiore: La gentilezza esteriore spesso riflette la gentilezza interiore. La coltivazione di una mente gentile contribuisce a relazioni più armoniose.

Compassione Verso Sé Stessi e Altri

Il Concetto di "Enryo":

Rispetto e Compassione Verso Sé Stessi: Il concetto di "Enryo" incoraggia il rispetto per gli altri e per sé stessi, sottolineando la compassione come parte integrante della vita quotidiana.

Pratica di "Migawari":

Assumersi la Colpa per Altri: La pratica di "Migawari" consiste nel prendersi la colpa altrui per mantenere l'armonia. Sebbene complessa, evidenzia il desiderio di proteggere gli altri dalla vergogna.

Compassione e Risoluzione

dei Conflitti "Kata":

Espressione Corretta della

Gentilezza:

Risolvere i Conflitti Con Grazia: La pratica di "Kata" implica l'espressione corretta della gentilezza anche durante i conflitti, cercando soluzioni che preservino la dignità di tutte le parti coinvolte.

Mediazione Come Atto di Compassione:

Facilitare il Dialogo e la Comprensione: La mediazione è vista come un atto di compassione, facilitando il dialogo e la comprensione reciproca per risolvere le divergenze.

Gentilezza e Salute Mentale

Impatto Positivo sulla Salute Mentale:

Gentilezza Come Antidoto allo Stress: La pratica della gentilezza può avere un impatto positivo sulla salute mentale, fungendo da antidoto allo stress e contribuendo al benessere emotivo.

Connettere la Gentilezza alla Mindfulness:

Essere Presenti Nell'Atto di Gentilezza: Collegare la gentilezza alla mindfulness significa essere presenti nell'atto stesso, amplificando l'effetto positivo sia per chi dà che per chi riceve.

Sfide Nella Pratica

della Gentilezza

Superare l'Egoismo:

Cambiare la Prospettiva Personale: Superare l'egoismo può essere una sfida, ma la pratica costante di cambiare la prospettiva personale può contribuire a coltivare la gentilezza.

Gentilezza in Situazioni Difficili:

Mantenere la Gentilezza in Momenti Critici: Mantenere la gentilezza in situazioni difficili richiede forza interiore, ma può essere un potente agente di trasformazione.

Conclusione: La Gentilezza Come Fondamento della Vita Significativa

In conclusione, la gentilezza e la compassione rappresentano un fondamento essenziale nella filosofia giapponese, contribuendo alla creazione di relazioni significative e positive. La prossima sezione esplorerà il concetto di "Shinrin-yoku" e il suo impatto benefico sulla salute attraverso l'immersione nella natura.

CAPITOLO 18:
IL CAMMINO
DELLA BELLEZZA
- YUGEN E IKI

Nel vasto panorama della filosofia giapponese emergono due concetti distinti ma complementari: "yugen" e "iki." Questi due termini si intrecciano per creare una visione unica della bellezza, dell'eleganza e dell'essenza stessa della vita. In questo capitolo, esploreremo profondamente i concetti di "yugen" e "iki," cercando di comprendere come incarnino la bellezza nella filosofia giapponese e come possano essere applicati nella vita quotidiana.

Definizione di

Yugen Bellezza

Mistica e

Profonda:

Il Mistero di Yugen: Il termine "yugen" evoca una bellezza misteriosa e profonda che trascende la superficie visibile delle cose. È un concetto che invita alla riflessione e all'immergersi in un'esperienza che va oltre l'apparenza.

Coinvolgimento Del Mistero:

Partecipare All'Incognita: "Yugen" suggerisce un coinvolgimento attivo nel mistero, invitando a esplorare ciò che non può essere completamente compreso o spiegato.

Iki: Eleganza Senza

Sforzo Essenza

dell'Eleganza

Semplice:

Iki Come Eleganza Senza Sforzo: "Iki" rappresenta un concetto di eleganza che trasuda semplicità ed è privo di sforzo. È un'eleganza intrinseca e spontanea, in netto contrasto con l'ostentazione.

Raffinatezza Nella Semplicità:

L'Arte Del Non-Detto: "Iki" si esprime anche nell'arte del non-detto, incoraggiando l'osservatore a trovare raffinatezza nella semplicità e nell'eleganza discreta.

Yugen e Iki Nella

Vita Quotidiana

Applicazione di

Yugen Nell'Arte:

Arte, Natura e Yugen: Nell'arte giapponese, come nell'Haiku o nella pittura Sumi-e, "yugen" si manifesta attraverso la capacità di catturare la bellezza sottolineata dalla profondità e dalla sfumatura.

Iki Nelle Interazioni Sociali:

Eleganza Nelle Relazioni Interpersonali: "Iki" si riflette nelle interazioni quotidiane, sottolineando l'importanza di una grazia naturale nelle relazioni e la capacità di apprezzare la bellezza nelle piccole cose.

Yugen: L'Estetica

Della Natura

Stagioni e Cicli

Naturali:

Trasformazione delle Stagioni: "Yugen" si riflette nella percezione delle stagioni in Giappone, in cui la trasformazione ciclica della natura diventa un'espressione dell'estetica del mistero e della mutevolezza.

La Bellezza Della Transitorietà:

Fioritura e Decadenza: "Yugen" celebra la bellezza della transitorietà, evidenziando come la fioritura e la decadenza siano inseparabili e intrinsecamente connesse.

Iki: Eleganza Nella Vita

Di Tutti I Giorni Vestirsi

Con Iki:

Semplicità Nella Moda: "Iki" si manifesta anche nella moda, incoraggiando uno stile di vestiario che è semplice, ma allo stesso tempo elegante e senza sforzo.

Cucina e Iki:

Arte Del Gusto Semplice: Nella cucina giapponese, "iki" si esprime attraverso la preparazione di piatti che celebrano la freschezza degli ingredienti e la loro presentazione senza eccessi.

Yugen e Iki Come

Modelli Di Vita

Approccio Yugen Alla

Vita:

Riflessione e Introspezione: Adottare un approccio "yugen" alla vita implica la riflessione e l'introspezione, cercando la bellezza e la profondità nelle esperienze quotidiane.

Vivere Con Iki:

Accettazione Della Vita Come È: "Iki" invita a vivere con

semplicità, abbracciando la vita così com'è, senza la necessità di ostentazione o eccesso.

Yugen e Iki Nella Modernità

Riscoprire La Bellezza Nella Modernità:

Sfide e Opportunità: Anche nella modernità, "yugen" e "iki" possono essere riscoperti, nonostante le sfide della vita contemporanea. L'adozione di questi concetti può offrire un ritorno alla bellezza intrinseca nella vita di tutti i giorni.

Bilanciare La Modernità Con La Tradizione:

Conservare Valori Nell'Innovazione: Bilanciare la modernità con la tradizione implica conservare i valori di "yugen" e "iki" mentre si abbracciano le opportunità offerte dalla vita moderna.

Sfide Nell'Adozione Di

Yugen e Iki Eccesso di

Informazione:

Ridurre il Rumore Percezione: Nell'era dell'eccesso di informazioni, abbracciare "yugen" richiede ridurre il rumore percepito e focalizzarsi sulla qualità piuttosto che sulla quantità.

Pressioni Sociali:

Rifiuto Della Conformità: Per vivere con "iki," è necessario rifiutare la conformità alle pressioni sociali e abbracciare la bellezza nella propria autenticità.

Conclusione: Il Cammino Verso La Bellezza E La Semplicità

In conclusione, "yugen" e "iki" si ergono come guide illuminanti per esplorare la bellezza e l'eleganza nella filosofia giapponese. Il prossimo capitolo esaminerà la pratica Zen e come questa possa arricchire la vita attraverso la consapevolezza e l'equilibrio.

CAPITOLO 19: IL SIGNIFICATO SPIRITUALE DELL'ARCHITETTURA GIAPPONESE

L'architettura giapponese, profondamente radicata nella tradizione e nella filosofia millenaria, va oltre la mera creazione di spazi fisici. Essa si propone di connettere gli individui con il loro ambiente, influenzare il benessere e riflettere valori intrinseci alla cultura nipponica. In questo capitolo, esploreremo il significato spirituale dell'architettura giapponese, analizzando come la progettazione degli spazi possa plasmare la nostra esperienza e la nostra connessione con il mondo che ci circonda.

Armonia tra

Uomo e Natura Il

Concetto di "Ma":

Spazio e Silenzio: "Ma" rappresenta la dimensione di spazio e silenzio, sottolineando l'importanza di dare respiro agli ambienti e di creare spazi che consentano una relazione armoniosa tra l'uomo e la natura.

Influenza del "Wabi-sabi":

Bellezza Nelle Imperfezioni: L'estetica "Wabi-sabi" permea

l'architettura, celebrando la bellezza delle imperfezioni e incoraggiando la progettazione di spazi che riflettano la natura effimera della vita.

La Funzione Spirituale

degli Spazi Tempio e

Santuario:

Trascendenza e Spiritualità: I templi e i santuari giapponesi sono progettati per facilitare l'esperienza spirituale, utilizzando la disposizione degli elementi per indirizzare la mente verso la trascendenza e la connessione con il divino.

Giardini Zen e Meditazione:

Creare Serenità: I giardini zen, parte integrante dell'architettura dei templi, sono progettati per creare un ambiente che favorisca la meditazione e la contemplazione, connettendo gli individui con la natura circostante.

Fusione tra Interno

ed Esterno Porte

Scorrevoli e Tatami:

Flessibilità degli Spazi: Le porte scorrevoli, come i "fusuma," e i pavimenti in tatami consentono una flessibilità degli spazi, permettendo una fusione armoniosa tra l'interno e l'esterno e promuovendo una connessione più profonda con la natura.

Uso del Legno:

Calore e Natura: L'ampio uso del legno nell'architettura giapponese non solo crea un'atmosfera calda e accogliente, ma anche stabilisce una connessione con la natura attraverso l'impiego di materiali naturali.

Minimalismo e

Significato Simbolico

Minimalismo

Giapponese:

Essenza Sopra L'Abbondanza: Il minimalismo giapponese si concentra sull'essenziale, evidenziando la bellezza nella semplicità e rifiutando l'abbondanza e l'eccesso.

Significato Simbolico degli Elementi:

Sakura e Acqua: Elementi come i fiori di ciliegio (sakura) e l'acqua sono spesso utilizzati per il loro significato simbolico, rappresentando la bellezza effimera e la purificazione.

L'Influenza dello Zen

Spazi Zen e Consapevolezza:

Semplicità e Consapevolezza: Gli spazi Zen incarnano la semplicità e la consapevolezza, creando ambienti che favoriscono la meditazione e la presenza mentale nel momento.

Flessibilità nell'Architettura Zen:

Adattamento al Cambiamento: L'architettura Zen, con la sua flessibilità e adattabilità, insegna a abbracciare il cambiamento e a fluire con le dinamiche della vita.

L'Impatto Sull'Equilibrio

e il Benessere Influenza

sulla Mentalità:

Trasformazione dello Stato d'Animo: La progettazione degli spazi influisce sulla mentalità degli occupanti, creando un ambiente che promuove la calma, la riflessione e la serenità.

L'Arte del "Ie":

La Casa Come Santuario: Il concetto di "ie" (casa) come santuario riflette l'idea che la casa dovrebbe essere un luogo di pace e rifugio, promuovendo il benessere degli abitanti.

Sfide Nella Preservazione

Dell'Autenticità

Modernizzazione e

Globalizzazione:

Equilibrio Tra Tradizione e Innovazione: La sfida è mantenere l'equilibrio tra la preservazione delle tradizioni architettoniche giapponesi e l'adattamento alle esigenze della vita moderna e della globalizzazione.

Evoluzione delle Esigenze Abitative:

Adattarsi Senza Perdere Identità: Con l'evoluzione delle esigenze abitative, l'architettura giapponese deve adattarsi senza perdere la sua identità spirituale e culturale.

Conclusione: Un Viaggio Spirituale Attraverso Gli Spazi

In conclusione, l'architettura giapponese è un viaggio spirituale che va oltre la creazione di edifici. Essa si propone di connettere gli individui con la natura, con la spiritualità e con la bellezza intrinseca della vita. Il prossimo capitolo esaminerà la connessione tra la filosofia giapponese e la pratica del "Shinrin-yoku," il bagno di foresta, come mezzo per ristabilire l'equilibrio e la connessione con la natura.

CAPITOLO 20: VIVERE CON INTENZIONE - SVILUPPARE UNA FILOSOFIA DI VITA

Il nostro viaggio attraverso la filosofia giapponese giunge ora alla sua conclusione, ma la vera essenza di questa antica saggezza si rivela nell'integrazione di questi principi nella vita quotidiana. In questo capitolo conclusivo, esploreremo come sviluppare una filosofia di vita personale, ispirata ai pilastri fondamentali della cultura giapponese, per condurci verso la realizzazione e il benessere.

La Sintesi Degli

Insegnamenti

Riflessione

Sull'Ikigai:

Scoprire la Propria Ragione di Essere: Dopo aver esaminato l'Ikigai, riflettiamo sulle nostre passioni, vocazioni, missioni e ciò che il mondo richiede. Trovare il punto di convergenza può guidarci verso una direzione significativa.

Kaizen Come Guida al Progresso:

Miglioramento Graduale e Continuo: Integrare il Kaizen nella nostra filosofia significa abbracciare il miglioramento graduale e continuo. Piccoli passi costanti conducono a risultati significativi nel lungo termine.

Wabi-sabi Come Celebrazione dell'Imperfezione:

Accettare le Imperfezioni Come Elemento di Forza: Il Wabi-sabi ci insegna ad abbracciare le nostre imperfezioni e a trasformarle in elementi di forza. Vediamo la bellezza nelle cose semplici e impermanenti.

Shinrin-yoku per il Benessere Totale:

Connessione con la Natura per Equilibrio: Integrare lo Shinrin-yoku significa abbracciare la connessione con la natura per migliorare il nostro benessere fisico e mentale.

Sviluppare una Filosofia

di Vita Personale Definire i

Tuoi Valori Fondamentali:

Cosa È Davvero Importante per Te? Rifletti sui valori che guidano le tue azioni e decisioni. La chiarezza sui tuoi valori fondamentali fornirà una bussola per navigare attraverso la vita.

Creare Obiettivi Basati sull'Ikigai:

Allineare Obiettivi con Passioni e Scopo: Struttura i tuoi obiettivi in modo che siano allineati con le tue passioni, vocazioni, missioni e ciò che il mondo richiede.

Vivere con Intenzione

Ogni Giorno Pratica

Quotidiana del Kaizen:

Piccoli Miglioramenti Ogni Giorno: Abbraccia il principio del Kaizen nella tua vita quotidiana. Cerca modi per apportare piccoli miglioramenti in vari aspetti della tua vita, siano essi personali o professionali.

Riscoprire la Bellezza nelle Piccole Cose:

Wabi-sabi Nella Vita Di Tutti I Giorni: Adotta una mentalità wabi-sabi, riscoprendo la bellezza nelle cose semplici e imperfette. Valorizza ogni momento e ogni esperienza.

Tempo di Qualità con la Natura:

Shinrin-yoku Come Pratica Costante: Dedica del tempo di qualità con la natura, anche se è solo una breve passeggiata nel parco. Lo Shinrin-yoku può diventare una pratica costante per mantenere l'equilibrio.

Integrazione della

Meditazione Zen

Incorporare la Meditazione

Nella Routine:

Insegnamenti Zen e Consapevolezza: Sperimenta la meditazione Zen per sviluppare la consapevolezza, ridurre lo stress e mantenere l'equilibrio mentale.

Momenti di Silenzio e Riflessione:

"Ma" Come Momenti di Silenzio: Cerca momenti di silenzio e riflessione nella tua giornata, incorporando il concetto di "ma" nella tua esistenza affollata.

Costruire Relazioni

Basate sull'Armonia

Principi di Armonia e

Bilanciamento:

Applicare Armonia Nelle Relazioni: Adotta i principi di armonia e bilanciamento nella tua vita sociale. Cerca relazioni costruttive e nutrimenti reciproci.

Gentilezza e Compassione:

Incorporare Gentilezza Nelle Azioni: Fai della gentilezza e della compassione una parte integrante delle tue azioni quotidiane, superando gli ostacoli con serenità.

Una Casa Come

Rifugio di Serenità

Progettare lo Spazio

Personale:

Influenza della Casa sulla Mente: Rifletti sulla progettazione del tuo spazio personale. Crea un ambiente che favorisca la pace mentale e la serenità.

Semplicità Nell'Arredamento:

Minimalismo Come Stile di Vita: Abbraccia il minimalismo nell'arredamento, riducendo l'ingombro e promuovendo un ambiente di calma.

Affrontare le Sfide con Disciplina Etica

Principi del Bushi-do nella Vita Di Tutti I Giorni:

Disciplina, Onore e Lealtà: Applica i principi del Bushi-do nella vita di tutti i giorni, abbracciando la disciplina, l'onore e la lealtà nelle tue azioni.

Affrontare il Cambiamento Con Flessibilità:

Imparare Dallo Spirito Zen: Affronta il cambiamento con flessibilità, imparando dallo spirito Zen di adattamento e fluidità.

Vivere con Intenzione -

Una Filosofia in Evoluzione

Riflessione Costante e

Aggiornamento:

Filosofia Come Processo In Evoluzione: La tua filosofia di vita deve essere un processo in evoluzione. Rifletti costantemente sui tuoi principi e adattali alle fasi mutevoli della tua vita.

Condivisione Con La Comunità:

Insegnare e Imparare Dalla Comunità: Condividi la tua filosofia con la comunità e impara dagli altri. La condivisione di saggezza contribuisce alla crescita personale e collettiva.

Conclusione: Un Viaggio Senza Fine

In conclusione, vivere con intenzione attraverso la filosofia giapponese è un viaggio senza fine. L'ikigai, il kaizen, il wabi-sabi, lo shinrin-yoku e gli altri principi si fondono in una filosofia personale che guida le scelte quotidiane. Ogni passo è una scoperta, ogni ostacolo un'opportunità di crescita. Che il tuo viaggio attraverso la filosofia giapponese sia infinitamente ricco di significato e benessere.

EPILOGO

Concludiamo il nostro viaggio attraverso "Armonia Zen Filosofia Giapponese" con il senso di gratitudine che accompagna ogni fine, sapendo che ogni pagina è stata un passo verso la comprensione più profonda di noi stessi e del mondo che ci circonda. Come il fiore di ciliegio che sboccia e sfiorisce, così è stato il nostro viaggio, intriso della consapevolezza della transitorietà.

Nel corso di questi capitoli, avete abbracciato l'Ikigai, trovando la vostra ragione di essere e aprendo la porta a una vita di significato. Avete sperimentato il Kaizen, il potere del miglioramento continuo, rivelando che ogni passo, anche il più piccolo, ha il potenziale di portare a cambiamenti significativi nel tessuto della vostra esistenza.

Il Wabi-sabi vi ha insegnato ad abbracciare le imperfezioni, a trovare bellezza nelle cicatrici della vita e a vedere la perfezione nel suo stato naturale di cambiamento. Lo Shinrin-yoku vi ha condotto nei boschi, dove avete ritrovato l'equilibrio e la guarigione attraverso la connessione con la natura.

Gli insegnamenti zen e la meditazione sono diventati compagni di viaggio, guidandovi verso una consapevolezza profonda e un silenzio interiore che hanno permeato ogni aspetto della vostra esistenza. L'armonia e il bilanciamento sono diventati modi di vivere, influenzando le vostre relazioni e il modo in cui vi interfacciate con il mondo.

Avete esplorato l'etica e i valori nell'età moderna, cercando di trovare un equilibrio tra le tradizioni del passato e le esigenze del presente. La salute, sia mentale che fisica, è stata considerata in modo olistico, riconoscendo la connessione profonda tra mente e corpo.

La cerimonia del tè è diventata una pratica di mindfulness, un rituale che vi ha insegnato a vivere nel momento presente con gratitudine e consapevolezza. L'artigianato e la creatività sono diventati veicoli attraverso cui esprimere la vostra anima, creando opere che parlano al cuore.

Il concetto di "Ma" vi ha guidato a trovare spazio tra le cose, a riconoscere l'importanza del silenzio e della pausa nella frenesia della vita moderna. Il Bushi-do, la via del guerriero, vi ha ispirato a coltivare la disciplina, l'onore e la lealtà nel tessuto quotidiano della vostra esistenza.

Sintonizzandovi con le stagioni attraverso il "kigo" nella poesia Haiku, avete imparato a essere testimoni attenti del fluire della natura e del vostro stesso viaggio attraverso il tempo. La tecnologia è stata affrontata con saggezza, cercando di integrare l'innovazione senza perdere la connessione con la saggezza antica.

Il concetto di "mono no aware" vi ha portato a riflettere sulla bellezza della transitorietà, insegnandovi ad abbracciare la fugacità della vita con un cuore aperto. La gentilezza e la compassione hanno permeato le vostre azioni, creando un impatto positivo sulle persone che incontrate lungo il cammino.

Gli insegnamenti di "yugen" e "iki" hanno elevato la vostra percezione della bellezza e dell'eleganza nella vita quotidiana, mostrandovi che la grazia può essere trovata anche nelle esperienze più comuni. L'architettura giapponese è diventata una riflessione spirituale, un modo per connettersi con la sacralità degli spazi che chiamate casa.

Infine, vi avvicinate alla conclusione di questo viaggio con un impegno a vivere con intenzione. Svilupperete una filosofia di vita che riflette la vostra comprensione della saggezza giapponese, applicando questi insegnamenti nella vita quotidiana.

Viaggiate ora con una consapevolezza più profonda, armati di conoscenza e pronti a trasformare questa saggezza in azione. Ogni passo su questo sentiero è un passo verso la realizzazione personale e il benessere duraturo.

Che il vostro cammino sia sempre illuminato dalla luce dell'armonia zen e dalla bellezza della filosofia giapponese.

Con profonda gratitudine e auguri di armonia,

Yumiko Kaito

POSTFAZIONE

Cari lettori,

Mentre giungete alla fine di "Armonia Zen Filosofia Giapponese", vi accolgo nella quiete di questo momento di riflessione. Questo libro è stato concepito come una guida intima attraverso le profondità della cultura giapponese, un invito a scoprire le radici della saggezza che ha alimentato secoli di pensiero e tradizione.

In questo viaggio insieme, abbiamo esplorato l'Ikigai, il Kaizen, il Wabi-sabi e lo Shinrin-yoku, come pilastri che reggono l'edificio della filosofia giapponese. Ogni concetto è una porta aperta a nuove prospettive, una finestra da cui contemplare la vita con occhi nuovi.

Abbiamo imparato che l'Ikigai non è solo un concetto astratto, ma un compagno di viaggio che ci guida attraverso le scelte quotidiane. Il Kaizen ci ha insegnato che il miglioramento continuo non è un destino, ma un cammino, fatto di piccoli passi che, nel loro insieme, creano la trama della nostra crescita personale.

Il Wabi-sabi ci ha rivelato la bellezza nelle imperfezioni, trasformando cicatrici in storie d'amore e momenti effimeri in eternità. Con lo Shinrin-yoku, abbiamo scoperto che la natura è un rifugio, un luogo di ristoro per mente e corpo, e che ogni passo in un bosco è una danza con la vita stessa.

Gli insegnamenti zen sono diventati il nostro faro, illuminando la via verso una mente serena e una consapevolezza profonda. L'armonia e il bilanciamento ci hanno mostrato che ogni relazione è un'opportunità di crescita e che la vita sociale può essere un'arte da coltivare.

Abbiamo esplorato il passato e il presente, cercando di tessere insieme i valori etici tradizionali con le sfide della modernità. Nella salute olistica giapponese abbiamo trovato un approccio integrato, riconoscendo che mente e corpo sono due facce della stessa medaglia.

La cerimonia del tè ci ha insegnato che la bellezza può essere colta nei gesti più semplici, che la gentilezza e la compassione possono essere infuse in ogni tazza. L'artigianato e la creatività sono diventati mezzi di espressione dell'anima, un modo per condividere la nostra unicità con il mondo.

Il "Ma" ci ha introdotti alla potenza dello spazio tra le cose, rivelando che il silenzio è spesso la melodia più dolce. Il Bushi-do ci ha mostrato che la disciplina, l'onore e la lealtà sono valori atemporali, ancorati nella forza interiore di ogni individuo.

Sintonizzandoci con le stagioni attraverso il "kigo" nella poesia Haiku, abbiamo imparato a essere presenti nel fluire del tempo, a cogliere l'essenza di ogni momento. La tecnologia è stata affrontata con rispetto, cercando di armonizzarla con il ritmo naturale della vita.

Il "mono no aware" ci ha insegnato ad abbracciare la transitorietà della vita, a trovare bellezza nella sua fugacità. La gentilezza e la compassione sono diventate non solo virtù, ma modi di essere, permeando ogni gesto e parola.

Gli insegnamenti di "yugen" e "iki" hanno colorato la nostra vita quotidiana con raffinatezza ed eleganza, trasformando le esperienze in poesia. L'architettura giapponese ha rivelato che gli spazi che creiamo influenzano il nostro benessere e la nostra connessione con il divino.

Infine, vivere con intenzione è diventato il nostro impegno. Questo libro è una chiave che vi ho offerto, ma la porta che si apre davanti a voi è il vostro percorso personale. Ogni pagina è un invito a mettere in pratica ciò che avete imparato, a danzare con la filosofia giapponese nella trama della vostra vita.

Vi lascio con un desiderio sincero. Possiate trovare armonia nelle vostre giornate, la bellezza nelle sfide e la serenità nei momenti di silenzio. Che la filosofia giapponese continui a ispirare il vostro viaggio, guidandovi verso la realizzazione e il benessere.

Con profonda gratitudine,

Yumiko Kaito

RINGRAZIAMENTO

Cari lettori,

In questo momento di profonda gratitudine, desidero esprimere il mio sincero ringraziamento a ciascuno di voi che ha intrapreso il viaggio attraverso le pagine di "Armonia Zen Filosofia Giapponese". Scrivere queste parole è un modo di estendere il mio cuore a voi, come se ci ritrovassimo in un giardino tranquillo, con il suono dei ruscelli e la dolce brezza che porta parole di ringraziamento.

In primo luogo, voglio ringraziarvi per la vostra preziosa attenzione. Viviamo in un mondo in cui le distrazioni abbondano, eppure avete dedicato il vostro tempo e la vostra curiosità a esplorare la cultura millenaria racchiusa in queste pagine. Spero che il viaggio abbia arricchito la vostra mente e il vostro spirito.

Un ringraziamento speciale a coloro che hanno adottato la filosofia giapponese come compagna di viaggio nella loro ricerca di significato. La vostra apertura a nuove prospettive e la volontà di abbracciare concetti come l'Ikigai, il Kaizen, il Wabi-sabi e lo Shinrin-yoku sono testimonianza del vostro impegno per la crescita personale.

A chi ha esplorato gli insegnamenti zen e la meditazione, grazie per aver condiviso quei momenti di silenzio e riflessione. Che abbiate trovato nella pratica della consapevolezza un rifugio, un'oasi di serenità nel caos quotidiano.

Ai lettori che hanno accolto la cerimonia del tè come un rituale di mindfulness, spero che ogni sorso abbia portato con sé la consapevolezza del momento presente. La vostra apertura alla grazia e alla contemplazione è un omaggio alla bellezza nei gesti semplici.

Un ringraziamento speciale va anche a coloro che hanno esplorato l'etica e i valori, cercando di trovare un equilibrio tra tradizione e progresso. Il vostro impegno per preservare le virtù etiche tradizionali è un faro di luce in un mondo in evoluzione.

A tutti coloro che hanno abbracciato il concetto di "Ma", trovando spazio e silenzio tra le parole e le righe, vi ringrazio per aver condiviso questo momento di pausa nel vostro percorso di lettura.

Grazie a chi ha esplorato il Bushi-do, la via del guerriero, e ha cercato di applicare i principi di disciplina, onore e lealtà nella vita quotidiana. Che il vostro cammino sia guidato da una forza interiore che supera le sfide.

A coloro che hanno sintonizzato i loro cuori con le stagioni attraverso il "kigo" nella poesia Haiku, vi ringrazio per aver condiviso questa danza con la natura e il ritmo del tempo.

Un grazie di cuore a chi ha affrontato la tecnologia con saggezza, cercando un equilibrio tra l'innovazione moderna e la saggezza antica. Che possiate navigare nel mare della tecnologia con consapevolezza e discernimento.

Gli insegnamenti di "mono no aware" hanno portato alla vostra attenzione la bellezza della transitorietà, e ai lettori che hanno accolto questa consapevolezza con un cuore aperto, vi ringrazio per la vostra profonda comprensione della natura fugace della vita.

A chi ha esplorato la gentilezza e la compassione come forze guida, creando connessioni significative con gli altri, vi ringrazio per aver reso il mondo intorno a voi un luogo più amorevole.

A coloro che hanno scoperto la bellezza intrinseca nella vita quotidiana attraverso "yugen" e "iki", vi ringrazio per aver celebrato l'eleganza nei dettagli apparentemente semplici.

Infine, a chi ha riconosciuto la sacralità degli spazi attraverso l'architettura giapponese, spero che i vostri ambienti riflettano ora una connessione più profonda con la vostra essenza interiore.

Il mio cuore trabocca di gratitudine per ogni passo che avete compiuto in questo viaggio. Che l'armonia zen della filosofia giapponese continui a ispirare il vostro cammino, guidandovi verso la realizzazione e il benessere.

Con profonda riconoscenza,

Yumiko Kaito

INFORMAZIONI SULL'AUTORE

Yumiko Kaito

Nel misterioso e affascinante mondo della mitologia giapponese, emerge la figura di Yumiko Kaito, un'enigmatica narratrice che si immerge nelle profondità delle leggende millenarie del Giappone. Il suo percorso è avvolto nell'ombra, con dettagli personali e cronologici accuratamente celati, come se volesse preservare la magia di un racconto senza limiti temporali.

Yumiko ha sempre avuto una connessione profonda con la cultura giapponese, fin dalla sua infanzia. Crescendo immersa tra le storie degli antichi Kami e delle creature misteriose dei Yōkai, ha coltivato una passione ardente per le leggende che plasmano l'essenza del Giappone. Questa passione è fiorita nel corso degli anni, trasformandosi in una missione personale di condividere la ricchezza della mitologia giapponese con il mondo.

Si sa poco delle sue radici, se non che il Giappone è il cuore pulsante della sua ispirazione. Yumiko sembra incarnare lo spirito delle leggende che racconta, navigando tra le sfumature dell'antico e del contemporaneo con la grazia di una foglia trasportata dalla corrente di un antico fiume.

L'enigmatico nome "Kaito" sembra evocare l'idea di un viandante, di un esploratore che si muove tra le terre nascoste e i misteri del mondo. Questa suggestione di movimento e scoperta si riflette nel modo in cui Yumiko guida i lettori attraverso le pagine dei suoi libri, aprendo porte a mondi segreti e aprendo finestre su culture intramontabili.

La sua decisione di omare le date e altri dettagli temporali sembra essere un invito a concentrarsi sul contenuto intrinseco delle storie, liberandole dalla stretta della cronologia. Yumiko Kaito si presenta come una guida senza età, una narratrice che abbraccia il concetto che le leggende giapponesi, pur se radicate nel passato, sono eterne nel loro richiamo e nella loro risonanza.

Mentre il suo nome danza tra le righe delle sue opere, Yumiko Kaito continua a tessere il filo della mitologia giapponese, offrendo ai lettori un invito a esplorare mondi straordinari e a scoprire la bellezza senza tempo delle leggende del Sol Levante.

LIBRI DI QUESTA COLLANA

Sussurri dell'est: esplorazioni nella cultura e filosofia giapponese

Accompagnatevi in un viaggio affascinante attraverso le pagine della collana "Sussurri dell'Est", dove antiche leggende, mitologia avvincente e profonde filosofie giapponesi prendono vita. Ogni libro è un portale che si apre su mondi ricchi di Kami e Yōkai, svelando segreti millenari che plasmano la cultura nipponica. Dall'approfondimento della mitologia alle pratiche quotidiane di Ikigai, Kaizen, Wabi-sabi e Shinrin-yoku, esplorate la bellezza e la saggezza del Giappone in una collana che unisce il tradizionale e il moderno, il mistico e il pratico. Sia che siate appassionati di miti o alla ricerca di ispirazione per migliorare la vostra vita, "Sussurri dell'Est" , un viaggio avvincente nell'anima del Sol Levante.

Kami E Yōkai Viaggio Nella Mitologia Giapponese: Esplorando Leggende, Divinità, Spiriti E Misteri Del Sol Levante

Benvenuti in un Viaggio Straordinario nella Mitologia Giapponese!

Kami e Yōkai: Viaggio nella Mitologia Giapponese è un'opera magistrale che offre ai lettori un'esperienza immersiva nel cuore delle leggende, delle divinità, degli spiriti e dei misteri intrisi nella cultura millenaria del Giappone. Scritto con maestria da Yumiko Kaito, esperta di mitologia giapponese, il libro è un invito affascinante a esplorare l'incanto del Sol Levante attraverso le pagine di storie millenarie e segreti ancestrali.

Caratteristiche Salienti:

Esplorazione Profonda della Mitologia: Il libro offre una narrazione avvincente che guida i lettori attraverso le radici della mitologia giapponese. Dai Kami primordiali alle affascinanti storie di Amaterasu, Susanoo e Tsukuyomi, ogni pagina è un viaggio nell'anima del Giappone antico.

Rivelazioni sui Yōkai: La narrazione si estende per svelare i misteri dei Yōkai, spiriti e creature sovrannaturali. Dai Tengu ai Kappa, dalle Kitsune agli Yūrei, ogni entità viene esplorata in dettaglio, svelando la dualità e la complessità di queste figure mitiche.

Stile Narrativo Coinvolgente: Yumiko Kaito intesse le storie con uno stile narrativo coinvolgente, trasportando i lettori in mondi fantastici, dove la realtà e il mito si fondono in un'armonia unica. Le descrizioni vivide e le immagini evocative portano le leggende alla vita, creando un'esperienza di lettura indimenticabile.

Approfondimenti Filosofici e Culturali: Il libro non si limita a raccontare storie, ma si spinge oltre, offrendo approfondimenti filosofici e culturali. Con una sensibilità unica, Kaito collega le leggende ai principi fondamentali della filosofia giapponese, offrendo ai lettori una comprensione più profonda del contesto culturale.

Sussurri dell'Est: Esplorazioni nella Cultura e Filosofia Giapponese

Kami e Yōkai è il primo capitolo della collana di libri Sussurri dell'Est, firmata dall'autrice Yumiko Kaito. Questa collana promette un viaggio continuo nella cultura e nella filosofia giapponese, esplorando temi come l'ikigai, il wabi-sabi, lo shinrin-yoku e altri concetti chiave che hanno plasmato la vita quotidiana e la visione del successo personale nel contesto giapponese.

Una Passeggiata tra le Nuvole di Sakura: Il Mondo di Yumiko Kaito

Yumiko Kaito, la guida attraverso questo viaggio mitico, è una studiosa appassionata della cultura giapponese. Il suo amore per il Giappone si riflette nelle pagine di questo libro, dove conduce i lettori attraverso un mondo di meraviglie e saggezze nascoste.

Intricato di leggende epiche, spiriti incantati e riflessioni profonde, Kami e Yōkai è molto più di un libro; è un portale verso la ricchezza dell'eredità culturale giapponese. Un'opera imperdibile per gli amanti della mitologia, della cultura e di viaggi senza tempo attraverso le terre del Sol Levante. Lasciatevi avvolgere dalla magia di Kami e Yōkai, e preparatevi per un'esperienza che vi accompagnerà a lungo dopo aver chiuso l'ultima pagina.